T0028175

A PUZZLE-A-DAY
Keeps the
SENIOR MOMENTS
Away!

Sharpen your brain with
this BIG VARIETY of word
searches, trivia, picture
puzzles, and MORE!

Inspired
by Faith

A Puzzle-A-Day Keeps the Senior Moments Away!
ISBN 978-1-7375562-9-9
Published by Product Concept Mfg., Inc.
2175 N. Academy Circle #7, Colorado Springs, CO 80909

Written and Compiled by Patricia Mitchell
in association with Product Concept Mfg., Inc.

Sayings not having a credit listed are contributed by writers
for Product Concept Mfg., Inc. or in a rare case,
the author is unknown.

A PUZZLE-A-DAY
Keeps the
SENIOR MOMENTS
Away!

You don't stop laughing when you grow old,
you grow old when you stop laughing.

George Bernard Shaw

In this big variety collection of puzzles, you'll find hours and hours of fun challenges. Test your memory and observation skills with word games, logic quizzlers, picture pages and more. Take a break each day for puzzles to ponder, and give those brain muscles a workout.

The Sounds of Birdsongs

A chorus of music is the gift of our feathered friends— music to greet us in the morning, meet us in the meadow, and serenade us at sunset.

Wood thrush	Bluebird
House finch	Waxwing
Veery	Catbird
Robin	Chickadee
Wren	Nuthatch
Oriole	Scrub-jay
Sparrow	Warbler
Mockingbird	Mourning dove
Grosbeak	Meadowlark
Tanager	Nightingale
Starling	Whippoorwill
Thrasher	

```
Z N U T H A T C H E G B I
S O R V D E L Q L Y X H R
T A R E G R O S B E A K O
A Z O R I O L E O N W V B
R M O C K I N G B I R D I
L D H O U S E F I N C H N
I I B S C R U B J A Y X R
N M E A D O W L A R K W W
G G R T H R A S H E R R A
B A V L U Q V E E R Y E X
W A R B L E R U X M O N W
Y N Z H C A T B I R D L I
T I C H I C K A D E E D N
M O U R N I N G D O V E G
J Z P T A N A G E R L F U
V N I G H T I N G A L E B
M K O X C S P A R R O W Z
W H I P P O R W I L L N A
W O O D T H R U S H H W W
K H L J B L U E B I R D S
```

The names of 21 common birds are flitting through these sentences. Can you spot them?

1. She was on the prowl for the right sized wrench.
2. He picked the card in a line–up, then crossed the street, jaywalking.
3. The cinnamon bun, tinged with sugar, was tasty.
4. At the picnic, row after row of ants appeared, finding a muffin chucked on the ground.
5. He didn't rob inside the house, so let the nut hatch another scheme.
6. Don't spar, rowers, with each other!
7. Congratulations, Lori! Ole! I knew that an age-related restriction was silly!
8. "What a superb warbler she is!" the gullible woman gushed, having seen her on TV.
9. "As I've said before, Bob, whiten the sink with bleach."
10. "Do vent your opinion," I said, and he told me to go fly a kite.
11. The recipes are Cajun, collected by my grandmother.
12. Regretfully, I awarded the "Best" (or kind of) ribbon to her.

Inventions and innovations around the 1960s

Artificial turf   **Computer mouse**   **LED lights**

ATMs   **Contact lens**   **Pull tab**

Audio cassette   **Cordless tools**   **Zip code**

Compact disc   **Desk calculator**

```
E Z A P F F S N E L T C A T N O C
S P D R O T A L U C L A C K S E D
U P U U T E J T Z M F C Q U Q J E
O R A V C C B F J K M A V H T V J
M Y O P U L L T A B G N H R K S D
R T M F R U T L A I C I F I T R A
E X C O R D L E S S T O O L S H P
T Z C Z S Y F P C F I N R Q B H O
U E Q M J P K S T H G I L D E L T
P H T A E T T E S S A C O I D U A
M A Z Z V D E L N Y R W I Y F D R
O Z I P C O D E U T F X F S I A J
C V Y P T F C S I D T C A P M O C
```

Favorite Sounds

Bells	Purr
Birdsong	Raindrops
Christmas carol	Rustling leaves
Favorite tune	Singing
Friendly voice	Splash
Gentle wind	Thunder
Laughter	Whisper
Melody	Whistling
Ocean waves	Woof

```
W  H  I  S  T  L  I  N  G  H  K  M  U
L  W  S  V  J  T  E  Y  I  K  X  G  B
W  T  H  U  N  D  E  R  D  V  V  G  W
X  Z  L  P  L  K  Y  V  F  O  X  L  G
Q  L  R  C  A  I  F  T  L  L  L  S  D
O  G  U  G  U  S  L  L  E  B  Y  E  R
E  S  S  E  G  I  U  Z  R  B  L  V  M
C  M  T  D  H  S  F  R  R  D  O  A  L
I  E  L  N  T  F  O  R  U  B  R  W  V
O  N  I  I  E  L  O  S  P  T  A  N  Q
V  U  N  W  R  R  W  T  S  N  C  A  V
Y  T  G  E  D  A  O  C  P  R  S  E  E
L  E  L  L  W  I  M  G  L  E  A  C  R
D  T  E  T  G  N  B  N  A  P  M  O  Y
N  I  A  N  N  D  P  O  S  S  T  J  D
E  R  V  E  I  R  T  S  H  I  S  V  E
I  O  E  G  G  O  R  D  Z  H  I  J  R
R  V  S  E  N  P  X  R  H  W  R  G  F
F  A  B  V  I  S  V  I  A  I  H  X  U
R  F  G  W  S  I  W  B  H  N  C  M  O
```

Only two of the vintage hearts are exactly alike. Can you spot them?

Authors

Match these classic characters with their book titles!

1. Captain Ahab	a. *Pride and Prejudice*
2. Pip	b. *Gone with the Wind*
3. Elizabeth Bennett	c. *To Kill a Mockingbird*
4. Jo March	d. *Great Expectations*
5. Rhett Butler	e. *The Chronicles of Narnia*
6. Holden Caulfield	f. *The Hound of the Baskervilles*
7. Josef K	g. *The Maltese Falcon*
8. Sherlock Holmes	h. *Little Women*
9. Scout Finch	i. *The Good Earth*
10. Lucy Pevensie	j. *The Catcher in the Rye*
11. O-Lan	k. *Moby-Dick*
12. Sam Spade	l. *The Trial*

What's your hobby?

Match the hobbyists with something they will find useful!

1. Knitter	a. Loom
2. Angler	b. Vase
3. Audiophile	c. Yarn
4. Scrapbooker	d. Blade
5. Gardener	e. Pitons
6. Weaver	f. Rod
7. Rock climber	g. Cutouts
8. Bridge player	h. Flashlight
9. Scuba diver	i. Deck
10. Spelunker	j. Loppers
11. Whittler	k. Speaker
12. Ikebana artist	l. Mask

Quick! How many words of four letters
or more can you form from the word
FRIENDSHIP? No letter can be used more
times than it appears in the word; no
plurals, past tenses, or capitalized words.
Common, everyday words only!
We found 33!

F R I E N D S H I P

Presidential Match-up

Match these U.S. presidents and their wives.

1. George Washington	a. Dolley
2. John Adams	b. Ida
3. Franklin Roosevelt	c. Mamie
4. Theodore Roosevelt	d. Martha
5. James Madison	e. Margaret
6. Abraham Lincoln	f. Eleanor
7. Woodrow Wilson	g. Bess
8. Dwight Eisenhower	h. Edith
9. Ronald Reagan	i. Lucy
10. Harry Truman	j. Nancy
11. William McKinley	k. Mary
12. Rutherford Hayes	l. Abigail

Spot the Words!

Discover the words or phrases depicted in each puzzle.

mINute

_____

FUNNY FUNNY
WORDS WORDS
WORDS WORDS

_____

Groups

A litter of kittens…a pack of puppies… it's all too cute! See how many groups of animals and bunches of things you can correctly name!

1. Finches
   a. Charm
   b. Chain
   c. Chatter

2. Firewood
   a. Cable
   b. String
   c. Cord

3. Owls
   a. Parliament
   b. Senate
   c. Congress

4. Leopards
   a. Leap
   b. Spot
   c. Roar

5. Hay
   a. Baal
   b. Bail
   c. Bale

6. Broccoli
   a. Bunch
   b. Floret
   c. Clove

7. Rabbits
   a. Draw
   b. Trace
   c. Sketch

8. Grapes
   a. Bunch
   b. Branch
   c. Bundle

9. Mice
   a. Kin
   b. Trap
   c. Mischief

10. Books
    a. Bibliophile
    b. Reads
    c. Series

11. Badgers
    a. Town
    b. Colony
    c. Herd

12. Ferrets
    a. Business
    b. Corporation
    c. Department

13. Newspapers
    a. Stand
    b. Bundle
    c. Copy

14. Clams
    a. School
    b. Rout
    c. Bed

15. Rattlesnakes
    a. Samba
    b. Cha cha
    c. Rhumba

16. Cars
    a. Fleet
    b. Parking lot
    c. Drove

17. Cookies
    a. Bake
    b. Batch
    c. Bundle

18. Deer
    a. Acre
    b. Lot
    c. Parcel

19. Falcons
    a. Role
    b. Stage
    c. Cast

20. Polar bears
    a. Aurora
    b. Borealis
    c. Light

Ah, Country!

Take a relaxing, unhurried stroll along a rural road. Breathe the fresh air, listen to the rustle of wind through the trees, and savor everything you love about the great outdoors.

Ranch	Meadow
Nature	Trees
Cricket	Serenity
Sunshine	Dock
Frog	Breeze
Calm	Birdsong
Woods	Tire swing
Prairie	Acre
Farm	Chicken coop
Fireflies	Windmill
Creek	Wheat
Pasture	

```
P  C  C  E  G  N  M  A  T  G  T  H  K
Y  R  R  V  H  K  E  C  U  Y  T  R  I
S  I  A  E  G  Y  A  R  G  X  R  S  F
E  C  B  I  E  X  D  E  F  Z  E  C  R
R  K  I  J  R  K  O  H  I  N  E  Z  O
E  E  R  B  T  I  W  W  N  V  S  Q  G
N  T  D  Q  A  U  E  V  Z  K  V  B  X
I  P  S  C  A  L  M  I  O  X  G  A  E
T  D  O  C  K  U  S  Z  E  U  L  T  H
Y  K  N  T  W  O  O  D  S  A  A  I  H
T  D  G  P  A  S  T  U  R  E  P  R  M
C  H  I  C  K  E  N  C  O  O  P  E  W
R  D  K  R  W  H  H  X  V  F  M  S  H
P  B  R  E  E  Z  E  V  C  G  P  W  E
G  O  M  T  G  S  P  F  A  R  M  I  A
C  W  I  N  D  M  I  L  L  J  G  N  T
W  M  R  A  N  C  H  J  T  R  O  G  P
F  I  R  E  F  L  I  E  S  I  H  H  F
X  K  S  E  N  A  T  U  R  E  H  T  Q
M  E  Z  S  U  N  S  H  I  N  E  R  O
```

Things in the old neighborhood

What was yours like?

Clothes line	Lemonade stand	Street sports
Elms	Milk bottle	Tent fort
Front stoop	Newspapers	Tire swing
Hopscotch	Pickup game	Treehouse
Kickball	Red wagon	Wide porch

```
I  F  E  P  D  H  X  S  R  E  P  A  P  S  W  E  N
T  C  R  V  S  N  P  R  H  C  T  O  C  S  P  O  H
M  R  L  O  V  T  A  I  K  B  Z  P  T  B  J  W  C
M  I  E  O  N  B  R  T  C  N  F  C  D  H  Y  B  R
G  L  L  E  T  T  V  O  S  K  O  K  X  J  X  K  O
N  S  L  K  H  H  S  W  P  E  U  G  A  W  S  G  P
I  W  O  A  B  O  E  T  J  S  D  P  A  D  S  T  E
W  A  R  E  B  O  U  S  O  W  T  A  G  W  T  W  D
S  Y  M  V  O  K  T  S  L  O  D  E  N  A  D  B  I
E  Y  Y  Q  M  N  C  T  E  I  P  K  E  O  M  E  W
R  U  T  D  N  S  G  I  L  I  N  K  Q  R  M  E  R
I  E  L  M  S  T  T  F  K  E  Y  E  Y  S  T  E  S
T  K  Q  T  E  N  T  F  O  R  T  T  F  Q  M  S  L
```

These two pictures are not the same...can you spot the 9 differences?

Animal Antics

Bound	**Rush**
Caper	**Scamper**
Dart	**Scurry**
Dash	**Scuttle**
Gallop	**Spring**
Hurry	**Sprint**
Jump	**Tear**
Leap	**Whisk**
Rocket	**Zip**
Run	**Zoom**

```
S W Q O J T R A D M L K Z
D Y R R U H O O E J A O T
C R O M Y K V U N U O E L
D E T V X S J N A M A E I
A P F D Z P P I Z R A Y Y
S A W K E R L M G P B Q U
H C B F A I Q T K S I H W
E Z N T I N B P C C I C H
F L Y G Y G O I N C S V B
X R V K Q L K F Z I H O Z
S R C P L E L T T U C S V
S K O A T C A T Y Y D U Y
P X G C H W B O U N D Y Y
E M A W K Y P M U J R X E
T R B M U E Y W C E S V T
N W M F D K T R P Q S Y X
I R U S H O V M R H E M S
R F P T Z P A N E U I L N
P B B M F C U W N Y C S F
S M T A S R N N P P P S W
```

Look closely and see if you can spot a seven-letter word hidden in each set of lines. Each letter of the word may come from the top or bottom pair of letters. Hint: Each word is detective-related!

1. M C S T I L Y
   D Y R A E R T

2. T P O L T H R
   S H A T I E L

3. G U M P R O T
   C R L A D I N

4. S L O W T R Y
   A R E U R H S

5. A C C D R E S
   R A I U S H E

6. M A L T L R Y
   C H P D U K E

7. R O R L O R E
   F L O G E T Y

8. M I S R A T E
   J U I T I C S

9. P O R T D I R
   T A I L N E S

10. A R S E L T S
    E V R U S A Y

11. W A T P R E N
    C E A S O N S

12. C O L V A C E
    D E N O I S T

13. A X P L O T Y
    E R A O S E D

14. I N E R I L E
    A R Q U A R Y

15. T R A T L C S
    G A C E I R L

16. H E A R I R Y
    V O R D E C T

27

Take a Journey

Curiosity has taken many voyagers far from home! See if you can discover the correct answer from among the choices given!

1. In the 13th century, he left Venice and traveled throughout Central Asia.
   a. Vasco da Gama
   b. Marco Polo
   c. Amerigo Vespucci

2. In the 15th century, he left Portugal and sailed to India.
   a. Vasco da Gama
   b. Christopher Columbus
   c. Vasco de Balboa

3. In the 20th century, he left Earth and was the first person to walk on the moon.
   a. Neil Armstrong
   b. John Glenn
   c. Buzz Aldrin

4. In the 20th century, he sailed across the Pacific Ocean on a balsa-wood raft, the Kon-Tiki.
   a. Leif Ericson
   b. Vasco de Balboa
   c. Thor Heyerdahl

5. In the early 16th century, he was the first European to see the Pacific Ocean from the west coast of America.
   a. Vasco de Balboa
   b. Amerigo Vespucci
   c. Christopher Columbus

6. In the early 19th century, he explored the western part of North America.
   a. Thomas Jefferson
   b. Meriwether Lewis
   c. Jacques Marquette

7. In the 19th century, this Frenchman toured extensively throughout the U.S. and recorded his thoughts and observations.
   a. Marcel Proust
   b. Jean Dupuis
   c. Alexis de Tocqueville

8. In the 20th century, this Frenchman explored the ocean depths.
   a. Jacques Cousteau
   b. Samuel de Champlain
   c. Jacques Marquette

9. In the 20th century, this mountaineer was the first European to reach the peak of Mt. Everest.
   a. Reinhold Messner
   b. Thor Heyerdahl
   c. Edmund Hillary

10. In the 20th century, she was the first woman to fly solo across the Atlantic Ocean.
    a. Amelia Earhart
    b. Anne Morrow Lindbergh
    c. Sally Ride

11. In the early 20th century, this African-American explorer accompanied Robert Peary to the North Pole.
    a. Harriet Tubman
    b. Matthew Henson
    c. Brooker T. Washington

12. In the 20th century, this American politician led an expedition through the Amazonian forest.
    a. Woodrow Wilson
    b. Franklin D. Roosevelt
    c. Theodore Roosevelt

13. In the 20th century, he was the first human to fly in space.
    a. John Glenn
    b. Neil Armstrong
    c. Yuri Gagarin

14. In the 19th century, she was the first European to explore West and Central Africa.
    a. Amelia Earhart
    b. Mary Kingsley
    c. Florence Nightingale

Look Around

Things to be thankful for are all around you –
and in this puzzle, too!

Mercies	Talents	Strong body
Beauty	Mentors	Opportunities
Miracles	Teachers	Fellowship
Comfort	Health	Safety
Family	Wisdom	Shelter
Support	Serenity	Laughter
Love	Prosperity	Knowledge
Warmth	Good food	
Work	Hope	

```
H J N N H P Z H T M R A W
D T C P K N E O R L S Q K
O A C W H V A E R R T K H
U P L O O O T G E B R G C
H W P L M L P T R B O O B
E F P O E F H E E D N O F
A M Q H R G O A D F G D A
L E S H U T U R Y T B F M
T J X A A T U M T O O O I
H F L X Y S S N O Z D O L
C V S E E S R R I D Y D Y
T S T E L G E E O T S L I
A E S R R X D L H T I I I
L I J A O E I E C C N E W
E C U S F P N Q L A A E S
N R R X A E P I W W R E M
T E A J X G T U T O O I T
S M B G T U K Y S Y R N M
I F E L L O W S H I P K K
E L V Y T I R E P S O R P
```

The word HAPPY is hidden 8 times in this puzzle. Look up, down, left, right and diagonally to spot them.

```
                    P
                  Y P H
                  H A Y
                A P Y P H
                Y P H P P
              P H A P A P H
              A P A P H A H
            A P Y P P A A Y P
            Y P H A P P P H A
          P H A P Y P H Y P Y P
          A P Y H Y A P Y P H A
        P Y P H A P Y P Y A P Y P
        P H Y P P A H A P P P H A
      H A P Y P P A P Y P H P P Y P
      P H A P P Y Y P H A P Y A H A
    H A P Y P H A P Y P H A P Y H H A
```

Inventions and Innovations

Computer modem   Microchip   Radial tires

Credit card   Music synthesizer   Roll-on deodorant

Diet soda   Nonstick pan   Super glue

Frozen waffle   Pacemaker   Transistor radio

Laser   Power steering

```
G D C R E D I T C A R D A F I Q T
B L W H I K S E R I T L A I D A R
H A D J A Z P Z D B F O N R Q S F
A S M N G N I R E E T S R E W O P
D E O I D A R R O T S I S N A R T
O R T W T P I H C O R C I M S O Y
S F R O Z E N W A F F L E O H F L
T T P A C E M A K E R A X W E A P
E S T N A R O D O E D N O L L O R
I N O N S T I C K P A N K E F O V
D J A W M E D O M R E T U P M O C
S B Q C D X S A E U L G R E P U S
P R E Z I S E H T N Y S C I S U M
```

It's All In A Name

Bow-WOW to you if you know what these "whatchamacallits" are really called!

1. Tips of shoelaces:
   a. Anklets
   b. Aglets
   c. Egrets
   d. All of the above

2. Flat shape with four equal straight sides:
   a. Rhombus
   b. Diamond
   c. Square
   d. All of the above

3. Very slow tempo in music:
   a. Allegro
   b. Adagio
   c. Largo
   d. Mezzo

4. Computer component that regulates power supply:
   a. Capacitor
   b. RAM
   c. Processor
   d. Radiator

5. Instrument for measuring wind speed:
   a. Anemometer
   b. Astrometer
   c. Gustometer
   d. Barometer

6. Curved wire used in the game of croquet:
   a. Cricket
   b. Trinket
   c. Wicket
   d. Thicket

7. Outer whorl of protective leaves on a flower:
   a. Bud
   b. Sprout
   c. Shell
   d. Calyx

8. Four-wheeled tractor used to haul logs
   a. Slider
   b. Skidder
   c. Slipper
   d. Bulldozer

9. Small, oven-proof dish:
   a. Cocotte
   b. Ramekin
   c. Coquille
   d. All of the above

10. A break in poetic rhythm:
    a. Caesura
    b. Caesar
    c. Full stop
    d. None of the above

11. Counting device using beads:
    a. Albacore
    b. Abacus
    c. Calculator
    d. All of the above

12. Furniture with seating for more than one:
    A. Chesterfield
    B. Divan
    C. Banquette
    D. All of the above

13. Book-page size:
    a. Folio
    b. Foolscap
    c. Leaf
    d. Flyleaf

14. Hollow stem of a bird's feather:
    a. Point
    b. Quill
    c. Pen
    d. None of the above

15. Base of the skull:
    a. Coxa
    b. Sphenoid
    c. Tarsus
    d. Mandible

How wise-quacky are you?

Find out as you match the answer in column one to the clue in column two!

ANIMAL WISEQUACKERS

1. Cough stirrup

2. The quack of dawn

3. Out of bounds

4. Truant

5. Ham actor

6. Black and white

7. Croaker spaniel

8. Hop on

9. Net profits

10. Pinching things

11. She wasn't kidding

12. Cranes

a. Frog and dog mix

b. Ant who skips class

c. What the crab's accused of

d. Duck's wake-up time

e. Fisherman's income

f. Why the nanny goat was sad

g. Panda's favorite movie format

h. What to give a hoarse horse

i. What to raise baby elephants with

j. Bus driver's words to a rabbit

k. Tired kangaroo's problem

l. Boar on stage

EDIBLE WISEQUACKERS

1. Melon of Troy

2. Lemon aid

3. Sweet potatoes

4. Fast food

5. Peanut butter

6. Hymnburger

7. Edam

8. Strawberries

9. Impasta

10. Cookie sheets

11. Spectator

12. Leeks

a. Sick citrus' need

b. Jellyfish's request

c. Cheese that's made backward

d. Fake noodle

e. It launched 1,000 ships

f. Vegetables for plumbers

g. Spud wearing glasses

h. Gingerbread man's bedding

i. Kind vegetables

j. They were found in a jam

k. Athletic edibles

l. Church fair fare

Work, Work, Work

See if you can guess the profession suggested by its punny description.

1. They find quarters for you.

_____

2. They're often snippy.

_____

3. They sure trumpet themselves.

_____

4. They're on the map.

_____

5. They really have a sew-sew job.

_____

6. They frequently raise the roof.

_____

7. They have an arresting presence.

_____

8. Their business is always picking up.

_____

9. Their job is always in ruins.

_____

10. They're just practicing.

_____

11. They have to be well grounded.

_____

12. Their job is full of problems.

_____

13. They're required to make the cut.

_____

14. They create scenes.

_____

15. They have a lot of hurdles to overcome.

_____

16. They can't let bygones be bygones.

_____

17. Their projects are beneath them.

_____

18. They should never lose their cool.

_____

19. They've got to have drive.

_____

20. They like to have a clue.

_____

Hidden Words

The word TRUTH is hidden 7 times in this puzzle. Look up, down, left, right and diagonally to find them.

```
            T H U R H
          R H T T H U R H T
        H U R H T T H U R H T
      T T H U R H T T H U R H T
    R H T T R U T H T T H U T H T
    U R H T T H U R H T T H R R H
  T T H H R H T T H U R H T U H U R
  H T T T U R H T H T U R T T T H U
  R H T U H U H H T T T U R H T T H
  U R H R T H U T H T H H U R H T T
  H U R T T T H U U H T T H U R H T
  T H U R H T T H U R H T T H U R H
    T H U R H T T H U T H T T H U
      T T H T U R T T H U R H T
        T T H U R H T T H U R
          T T H U R H T T H
            T H U R H
```

Domestic Cats

There's a kitty hiding in each sentence. Can you spot each one?

1. He thought the cut was caused by a fang or a claw.

2. "Send a wire! Hair-raising things are happening!" he shouted.

3. "Pick up the tab," bystanders laughed.

4. "The cat's in that tree?" she asked. "Jeepers!" I answered.

5. Oh, man, x-rays cinched the diagnosis.

6. She went out looking like a ragamuffin.

7. In the snow, shoes are mandatory.

Well-known Works of Art

American artists match-up

1. Grandma Moses	a. The Broncho Buster, sculpture
2. Frederic Remington	b. Nighthawks, painting
3. Jessie Willcox Smith	c. A Social History of Missouri, mural
4. Andrew Wyeth	d. The Old Oaken Bucket, painting
5. Edward Hopper	e. Abstraction White Rose, painting
6. Georgia O'Keeffe	f. Braids, portrait of Helga Testorf
7. Thomas Hart Benton	g. Saturday Evening Post, cover art
8. Grant Wood	h. A Child's Garden of Verses, cover art
9. Norman Rockwell	i. Flying Dragon, sculpture
10. Alexander Calder	j. American Gothic, painting

European artists match-up

1. Leonardo da Vinci	a. Mme. Charpentier and Her Children, painting
2. Michelangelo	b. Night Watch
3. Pierre-Auguste Renoir	c. The Thinker, sculpture
4. Claude Monet	d. Guernica, painting
5. Henri Toulouse-Lautrec	e. Blue Boy, painting
6. Thomas Gainsborough	f. David, statue
7. Rembrandt	g. The Cradle, painting
8. Pablo Picasso	h. Water Lilies, painting
9. Auguste Rodin	i. At the Moulin Rouge, painting
10. Berthe Morisot	j. Mona Lisa, portrait

Spot the Words!

Discover the words or phrases depicted in each puzzle.

Word Pyramid

To complete this word pyramid spot words of increasing length with the middle letters of each as shown.

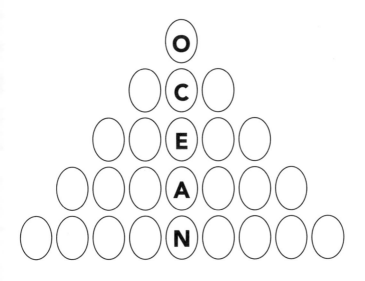

Blooms

See if you can "pick" all these flowers in this puzzle!

Snapdragon	Gardenia
Azalea	Magnolia
Carnation	Hyacinth
Violets	Mum
Sweet Pea	Zinnia
Marigold	Petunia
Rose	Peony
Daisy	Dahlia
Lily	Gladioli
Tulip	Camellia
Gerbera	Lavender
Orchid	Freesia
Iris	Delphinium

```
O Y D E L P H I N I U M J
T U Z L A R E B R E G C M
A Q P A I L O N G A M A N
I L A V E N D E R D I R T
N M W I P A V A G B Y N C
N C I O I A I L L E M A C
I T S L L D D R O S E T W
Z C N E U A L S I R I I Z
D K A T T J E O I D D O C
A P P S C Q W N G A X N P
H E D D D A G P I I M A D
L T R K N M I S E I R O T
I U A D M I Y N H O A A A
A N G D U H L T E E N Z M
I I O Z M J N O P D A Y U
S A N A A I J T I L R L T
E F Y X C P E H E D W A D
E K N A L E C A X Z A Z G
R F Y P W R N R W B X L B
F H S S O S F L I L Y T G
```

Types of Comedy

(tv, movie, theatre…)

Romantic Comedy

Sitcom

Farce

Dark

Laugh track

Slapstick

Spoof

Parody

Satire

Character

Improvisational

Musical

Z Z F D Y G N V O Z S P Q Z K
I K I V M B K X C V A G F T B
M M R B B L T N X L T A I W M
M V P N D V D A R K I B Q U M
I H N R W A N Q Y M R Y S I M
N Y S W O D G E P N E I B S D
K A M N M V A J G N C Q P Z R
G X W H S F I F N A N O H O U
B W Q I S L O S L D O N M Z L
D V Y V E L A D A F X A K L W
Q M Q C C K Z P J T N M X O B
R H R D K U E A S T I X M M P
H A L A R A W L I T K O Z P Q
F Z B S Q S R C L C I W N R Y
M Y K J G P C E A M I C W A E
W U C Q K O H R T A O H K B L
Y J K W M F T Y B C F C Y D X
D B I E K H G U D D A C T V G
X X D Q G T H D P O O R F I M
M Y F U R O D C Z X R C A N S
J U A F O T G X Z Y X A P H A
Z L V S J G L O T W U A P C C

ZZZZZZZZZ

In this puzzle, every answer contains the letter Z!

1. Fill with amazement ___ ___ ___ ___ ___ ___

2. East African archipelago ___ ___ ___ ___ ___ ___ ___ ___

3. Wacky ___ ___ ___ ___

4. French writer Émile ___ ___ ___ ___

5. Swerve ___ ___ ___ ___ ___ ___

6. Windy ___ ___ ___ ___ ___ ___

7. Finch or fish ___ ___ ___ ___ ___

8. Microwave ___ ___ ___

9. Sprinkle ___ ___ ___ ___ ___ ___ ___

10. Barbed comment ___ ___ ___ ___ ___ ___

11. Pasta ___ ___ ___ ___

12. Gem-setting groove ___ ___ ___ ___ ___

13. Animal science ___ ___ ___ ___ ___ ___ ___

14. Showy flower ___ ___ ___ ___ ___ ___

15. Woodworker's tool ___ ___ ___ ___

16. Unambitious ___ ___ ___ ___

17. Biblical Jerusalem ___ ___ ___ ___

18. Swiss city ___ ___ ___ ___ ___ ___

19. Citrus feature ___ ___ ___ ___

20. Egg count ___ ___ ___ ___ ___

Baby Animals

Foal	Bunny
Chick	Cub
Duckling	Calf
Poult	Gosling
Kid	Eaglet
Fawn	Piglet
Kit	Owlet
Pup	Pullet
Joey	Whelp
Cygnet	Tadpole
Lamb	Fingerling

```
S E L O P D A T T E L W O
C G N I L R E G N I F R C
U Z X C K R C R I N L G B
B G W M Y Q F O Y N N U B
R N J Y N G N Q D Q I C C
C I G X I F N U K I Z H J
V L U A P Z C E Q Q I O O
R S A O U K S B T C E A P
G O Z F L X H Z K Y R M W
P G E I L V A H M X Z D X
U Y N H E A S D T L U O P
P G Y I T G C T J R C T P
T O B N X Q U L R F J V V
L P I G L E T B C Q N B E
H E D B U P U T N F I X K
I C E S S B L E E W Q S D
D N A E M F M E W L A H I
I Z T Z N Q V A H P G F G
K I S G F O A L L W A A W
K N V A M M B N U H T Q E
```

The Symbolic Bird

In literature, folklore, and popular imagination, various birds have been used to symbolize human ideals or qualities.

Beauty	Mystery
Bravery	Peace
Cheer	Power
Courage	
Exuberance	Protection
Faith	Purity
Freedom	Renewal
Happiness	Restoration
Honor	
Hope	Spirituality
Immortality	Spring
Joy	Wisdom

```
G Y D C E E T K I H W B W
Y E V I H C L A W E N E R
T X W F K E F G N I R P S
I U S I S S E N I P P A H
R B H Y S W U R U Z X P T
U E B O R D E A E E T N I
P R J U N E O G Z C O L A
G A S O U O V M A I A Y F
W N A J Y F R A T R T E I
B C N U R E R C R I U M P
G E E O R R E E L B M O L
H A M P I T B A E O T E C
W O P H O T U R R D F Y P
M N P R L T A T Y F O O X
V V P E I L A R P M W M V
S L K R L L E R O E H S C
R I I D I T Z H R T W H J
Z P H T S T S G T N S I F
S H Y Y T U A E B I E E R
O N M W B Q U R E C I I R
```

Go-Togethers

In each row of four words, one word is out of place. Which one?

1. Bengal, Spaniel, Snowshoe, Maine Coon

2. Fillets, Milk, Paté, Shreds

3. Peppermint, Spearmint, Parsley, Catnip

4. Mediterranean, Veterinarian, Vegetarian, Vegan

Word Finder

How many words of 3, 4, and 5 can you make from the circle of letters? The letter tiles give you a clue for common words. Answers may vary. No proper names or plurals, please. Letters can only be used once.

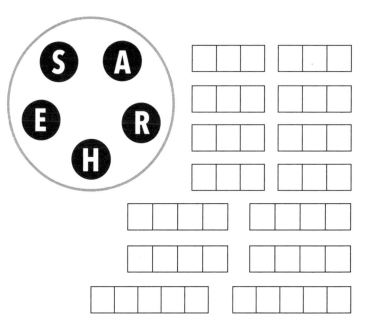

Funny Looking Animals

Sloth

Platypus

Aardvark

Ostrich

Llama

Camel

Hippopotamus

Armadillo

Stonefish

Pufferfish

Glass frog

Giraffe

Hedgehog

Anteater

Opossum

```
U  B  F  R  T  G  L  A  S  S  F  R  O  G  B
B  C  Y  U  B  C  Z  H  L  C  G  A  O  V  G
L  Q  L  C  H  R  I  V  E  H  F  L  X  Q  D
E  L  F  C  A  D  T  K  M  U  S  S  O  P  O
B  I  A  R  W  M  N  V  C  G  L  S  A  N  A
K  A  Q  M  V  Y  E  R  J  O  U  B  V  R  T
W  C  K  S  A  X  H  L  T  P  Y  C  M  U  L
U  L  O  Y  Z  V  K  C  Y  M  Q  A  C  N  K
N  P  Z  B  I  N  S  T  H  Y  D  Q  L  U  E
Z  A  A  R  D  V  A  R  K  I  A  G  E  R  I
Z  S  Z  J  E  L  P  L  L  V  J  U  F  H  B
K  U  X  Q  P  U  N  L  H  C  I  R  T  S  O
Q  M  Q  E  K  B  O  Z  D  X  V  T  H  I  W
T  A  S  S  F  H  X  M  A  M  G  S  A  F  G
E  T  O  R  N  F  L  G  N  Z  I  A  S  E  T
B  O  F  S  E  P  A  J  O  F  D  L  F  N  G
D  P  G  S  D  T  Y  R  R  H  O  M  F  O  D
C  O  E  A  X  J  A  E  I  T  E  J  N  T  V
E  P  X  V  Q  Y  F  E  H  G  C  G  V  S  S
K  P  Z  D  A  F  J  F  T  D  Q  V  D  A  A
F  I  O  M  U  N  I  V  M  N  Y  Q  U  E  M
A  H  P  P  X  L  Q  J  K  D  A  W  D  G  H
```

Match-ups

Match the names of these famous out-of-the-box thinkers with their invention.

1. George Washington Carver

2. Johannes Gutenberg

3. Benjamin Franklin

4. John Logie Baird

5. Alexander Graham Bell

6. Eli Whitney

7. Elias Howe

8. Rene Laennec

9. Robert Moog

10. Thomas Edison

11. Douglas Engelbart

12. Karl Benz

a. Iron furnace stove

b. Cotton gin

c. Mechanical printing

d. Stethoscope

e. Phonograph

f. Synthesizer

g. Early version of television

h. Gasoline-powered car

i. Telephone

j. Computer mouse

k. Highly profitable uses for peanuts

l. Sewing machine

Match the names of these famous out-of-the-box thinking women with their field of expertise.

1. Emily Dickinson	a. Christian evangelism
2. Rosa Parks	b. Space exploration
3. Mae C. Jemison	c. Chemistry
4. Susan B. Anthony	d. Performing arts
5. Jane Austen	e. Poetry
6. Marie Curie	f. Abolition of slavery
7. Beverly Sills	g. Education
8. Harriet Tubman	h. Literature
9. Hannah Whitall Smith	i. Civil rights
10. Amelia Earhart	j. Social etiquette
11. Emily Post	k. Aviation
12. Maria Montessori	l. Women's rights

Stillness

Give yourself a little peace and quiet while you find the words in this puzzle!

Stillness	Renew
Silence	Hush
Solitude	Sereneness
Rest	Tranquility
Peace	Repose
Calm	Quiet
Content	Harmony
Seek	Placid
Search	Relax
Wait	

```
Q E C N E L I S J W W O F
E V E D P E D M M A C Y E
I N Z J S L T B I W T K R
S A T O G A A T U I M E E
Y E P R O F N C L T N E F
N E R Q O X U I I E P S V
R P P E Q W U Z W D E J H
R R Y Q N Q L H S U H A O
E I K J N E D E R K R B H
S A B A B H N E D M X W C
T Q R F H W T E O N R X R
G T I F P E Q N S P B G A
C W K L X L Y Q T S G S E
R N J C O M K V L A S E S
E D O S T I L L N E S S F
R X J O R W X A L E R Y C
R D T E I U Q E C H N V K
L H U N E B T Y R M L A C
D S O L I T U D E I B X H
I P E A C E T N E T N O C
```

Simple Pleasures

Bee	Neighbor
Blossom	Puddle
Bluebird	Puppy
Butterfly	Raindrop
Children	Robin
Clouds	Shadow
Cricket	Snowflake
Flower	Sunbeam
Grass	Twig
Leaves	

```
B L U E B I R D C H C T D
P L O T T K V E Z F C E P
W I Z S S A R G S X H B U
E Q C U Z T Z N W E I L D
G S H R G X N O P S L O D
C N Y M I X D A W A D S L
R O I U I C S I X S R S E
C W Z P X F K U P E E O F
K F F P Y M D E P V N M I
Z L U U F L X Y T A J D F
K A W P R I F F I E J L H
P K W P M A X R W L O U G
M E O Y J Q I L E W Z R T
A A D V E Z H N E T O T C
E J A I O Y N R D B T L Y
B W H Q K N C Q H R O U G
N N S D F R I G B U O G B
U T E L Q U I B D H I P S
S E N I X E G S O W C Y J
B U Q J N M N R T R Q Q Z
```

Two in this prickly page of plants are exactly the same...can you spot which two?

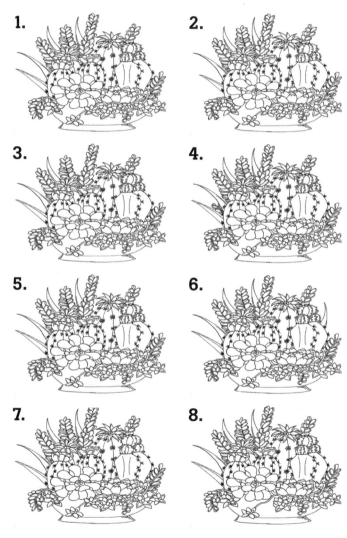

1.

2.

3.

4.

5.

6.

7.

8.

Things that might spark memories

(Find the **bolded** words.)

Backyard **fort**
Card bike **spokes**
Chenille robe
Church **potluck**
Jump **rope**
Orange crate **scooter**
Outdoor grill
Photo **booth**

Skateboard
School **colors**
Soda **bottles**
Summer evenings
Tire **swing**
Trash **incinerator**
Tuna **casserole**

```
B S S E E L L I N E H C I E B N C
B O K O H R J Q E H I U C L C A C
B R T A J C A R D W R P R C S O S
L O O T T I R E T O O C S S L P A
L N O T L E I I A F H W E O O W R
S E M T A E B N U S Z R R K Y B C
I G S T H R S O R N O S E Q F K Z
B N P F Q H E O A L X S H L U C R
G A D E D C O N E R T N P Q V U E
N R Y R E D Z U I R D Q J P Q L M
I O C P T Y Y K O C Y C F Z Q T M
W T O U L C F F C L N R P T B O U
S R O X E L X H T F Z I X E K P S
```

Trees

From this "forest" of words, see if you can find the trees!

Fir	Jujube
Oak	Ficus
Bramble	Pistachio
Almond	Cypress
Cedar	Pine
Acacia	Eucalyptus
Apple	Cactus
Olive	Poplar
Fig	Juniper
Palm	Mulberry
Sycamore	Pomegranate
Maple	Rosacea
Bottle Tree	

```
T  O  S  A  S  Y  C  A  M  O  R  E  W
J  S  Y  U  I  D  E  L  B  M  A  R  B
C  D  R  M  Y  R  V  L  X  G  A  P  Q
Z  A  F  F  W  Y  E  N  M  E  N  I  P
U  P  C  I  V  R  P  P  G  M  R  S  I
U  D  I  T  C  L  I  X  I  A  D  E  H
P  Z  W  S  U  U  B  D  L  N  E  A  C
O  Y  R  U  T  S  S  P  N  R  U  E  U
M  N  W  O  W  A  O  F  T  O  D  J  D
E  U  F  D  S  P  C  E  I  A  M  O  P
G  S  I  M  A  A  L  H  R  G  S  L  J
R  J  R  L  A  T  C  S  I  U  C  U  A
A  O  A  Y  T  P  S  E  T  O  J  S  F
N  V  J  O  R  S  L  P  A  U  D  U  A
A  P  B  D  E  R  Y  E  B  L  A  E  C
T  X  Z  R  A  L  E  E  Z  F  V  F  A
E  W  P  X  A  B  M  B  L  I  C  A  C
L  Y  A  C  S  L  C  X  L  P  K  I  I
C  S  U  V  A  N  V  O  M  U  P  A  A
X  E  W  P  R  H  I  J  A  W  M  A  O
```

State Landmark Match-up

Below is a list of famous landmarks across the United States. Do you know in what state they are located? Draw a line to match the landmark to the state.

A: Denali State Park

B: Golden Gate Bridge

C: Mesa Verde

D: Kennedy Space Center

E: Pearl Harbor

F: Gateway Arch

G: Chimney Rock

H: Hoover Dam

I: Ellis Island

J: Liberty Bell

K: Mount Rushmore

L: Great Smoky Mountains

M: The Alamo

N: Space Needle

O: Yellowstone National Park

1. SOUTH DAKOTA

2. TENNESSEE

3. HAWAII

4. MISSOURI

5. NEBRASKA

6. TEXAS

7. WASHINGTON

8. NEW YORK

9. WYOMING

10. ALASKA

11. CALIFORNIA

12. FLORIDA

13. NEVADA

14. PENNSYLVANIA

15. COLORADO

Finders

Using letters within each grid only once...

L	S	L
M	O	T
C	E	U

1. Find the names of two trees that are also common street names.

_____   _____

O	D	H
E	J	E
A	N	N

2. Find the name of Adam and Eve's garden and the name of a biblical figure who was swallowed by a big fish.

_____   _____

E	E	U
S	P	T
R	G	T

3. Find two breeds of dogs, one big, one small.

_____   _____

O	O	B
N	R	R
N	O	I

4. Find two chemical elements.

_____   _____

S	N	O
E	L	A
D	I	M

5. Find two types of automobiles.

_____   _____

Beaches

Each of the names below is a beautiful American beach. Find them written forward, backward, horizontally, vertically and diagonally.

Assateague	Myrtle
Caladesi	Nantucket
Carmel	Newport
Destin	Ocracoke
Hanalei	Pensacola
Honolulu	Poipu
Kaanapali	Sand
La Jolla	Sanibel
Lido	South
Malibu	Venice
Miami	Virginia
Monterey	Wailea

N M H B Z E K O C A R C O
N Y F P O I P U H W M D E
I R J Q V Y C S Z A V V U
T T M U T L Q C L H A Y G
S L B F D R I I T O Z C A
E E Q W N L B D J N L M E
D B T V R U I N O O P I T
A W E I C O S W S L R A A
L M K R K I A D C U O M S
O B C G M J N M R L R I S
C X U I F G D H I U J S A
A J T N P G T S I I K H C
S U N I O U E E L W J A S
N V A A O D L A A D R A T
E E N S A A P L A M N W R
P N P L N A L E E I U X O
Z I A A N O L L B C Y W P
P C H A J I C E P H H O W
C E A A A N L P P N Z S E
G K L W M O N T E R E Y N

Quiet

Spend a few peaceful minutes finding the words in this puzzle!

Calm

Comfort

Creative

Dreamy

Easygoing

Fruitful

Generous

Graceful

Healthy

Homey

Humble

Joyful

Laidback

Loving

Modest

Natural

Organized

Patient

Plain

Relaxing

Serene

Snug

Useful

Wise

```
V  Y  E  M  O  H  G  S  K  I  G  Z  T
G  V  M  E  S  U  O  R  E  N  E  G  F
K  H  O  G  B  C  C  K  C  M  L  A  C
G  E  D  P  A  T  I  E  N  T  E  V  Z
W  A  E  O  G  G  D  G  N  I  V  O  L
G  L  S  R  G  R  A  C  E  F  U  L  R
B  T  T  G  E  S  I  W  Y  W  X  E  T
T  H  B  A  K  R  G  U  I  T  L  P  F
K  Y  M  N  N  L  G  W  R  A  A  D  J
J  N  U  I  D  L  F  H  X  K  R  Y  H
E  T  I  Z  L  W  U  I  N  E  U  I  U
A  R  V  E  H  A  N  F  A  N  T  M  M
S  O  C  D  O  G  I  M  T  Z  A  T  B
Y  F  L  C  G  R  Y  D  A  I  N  J  L
G  M  N  F  E  K  E  L  B  U  U  D  E
O  O  W  Q  Y  N  U  B  U  A  E  R  E
I  C  W  I  E  F  G  L  C  F  C  K  F
N  Z  P  R  E  U  C  L  Q  G  Y  K  E
G  P  E  S  N  N  I  A  L  P  B  O  I
K  S  U  S  C  R  E  A  T  I  V  E  J
```

Hidden Words

The word PEACE is hidden 8 times in this puzzle. Look up, down, left, right and diagonally to find them.

```
A E P C E A E P C E A E P C E A E
C E A E P C E A E P C E A E P C E
E P C E A E P C E A E P C E A E P
E A E P C E A A P C E A P E A C E
P C E A E P C E A E P C E A E P C
A E P C E E E P C E A E P C E A E
C E A E P C E A E P C C A E P C E
A E P C A A E P C E A A P C E A E
C E A E P C E A E P P E A C E C E
E P C E A E E C E A E P C E A E P
E A E P P E A E P C E A E P C E A
P C E A E P C E A E P C E A E P C
A E P C A A E P C E A E P C E A E
C E A E C C E A E P C E A E A C E
A E P C E A E P C E A E P C E E E
C E A E P C E A E P C E A E P C P
```

76

Songbirds

Find the differences, can you find all 7?

Butterflies

Adonis Blue

Blue Morpho

Brimstone

Buttercup

Glasswing

Julia

Monarch

Mourning Cloak

Orange Tip

Painted Lady

Peacock

Pieridae

Red Admiral

Red Glider

Saturn

Skipper

Small Copper

Sulphur

Summer Azure

Swallowtail

Tortoiseshell

Zebra

```
S  U  M  M  E  R  A  Z  U  R  E  C  B
J  R  E  D  A  D  M  I  R  A  L  C  L
U  S  M  A  L  L  C  O  P  P  E  R  U
L  O  O  G  L  A  S  S  W  I  N  G  E
I  B  U  B  R  I  M  S  T  O  N  E  M
A  D  R  S  V  F  O  S  F  H  F  T  O
N  H  N  W  X  A  R  A  M  P  M  T  R
U  G  I  A  S  D  A  T  O  I  P  I  P
B  O  N  L  Z  O  N  U  N  E  A  N  H
U  H  G  L  E  N  G  R  A  R  I  S  O
T  V  C  O  B  I  E  N  R  I  N  U  T
T  H  L  W  R  S  T  P  C  D  T  L  Z
E  W  O  T  A  B  I  E  H  A  E  P  X
R  Q  A  A  F  L  P  A  N  E  D  H  I
C  L  K  I  A  U  Z  C  W  Y  L  U  S
U  R  E  L  M  E  C  O  S  I  A  R  F
P  I  N  E  T  B  F  C  M  Q  D  Q  E
S  K  I  P  P  E  R  K  M  S  Y  J  J
T  Z  R  E  D  G  L  I  D  E  R  P  B
T  O  R  T  O  I  S  E  S  H  E  L  L
```

Nature Hike

A world of wonder and awakening
is waiting to be discovered on a hike.

Animal tracks	Butterflies
Berries	Ant hill
Leaves	Fossil
Moss	Tadpole
Insect	Nest
Animal home	Poison ivy
Creek beds	Worm
Wildflower	Frogs
Cocoon	Feather
Mushroom	Acorn

```
N B D V K E E L O P D A T
W C F W Y E D R H V I H L
K X U M Y V I N O S I O P
G Y A N I M A L H O M E I
O W R E W O L F D L I W R
B E R R I E S M W M Z Y E
F B U T T E R F L I E S M
E V N L C D T M L B D K O
A J H Y H K I X N M B S O
T X L C I S B O L G K X R
H F L Q C F O E O C T K H
E O I I Y C A W A N S K S
R S H Y O V K R K D Q H U
V S T C E P T F E J N I M
H I N S O L T B C C E M C
H L A F A C K M S B S M G
Y U Z M E E S R F G T Z T
G L I S E K S O N R O C A
K N N R H C O W Q G W R Q
A I C Z T L M E I E M O F
```

Kidding Around

Antics

Caper

Escapade

Frolic

Friskiness

Hijinks

Horseplay

Lark

Misbehavior

Mischief

Misdoing

Monkeyshines

Naughtiness

Prank

Rascality

Shenanigans

Sport

Stunt

Tomfoolery

Trouble

```
J  P  Q  E  Y  A  L  P  E  S  R  O  H
T  J  R  P  F  F  E  I  H  C  S  I  M
O  E  S  A  H  F  J  H  R  Y  B  S  A
I  R  Z  P  N  F  P  O  R  I  S  S  Q
S  T  E  H  O  K  H  E  T  E  E  S  M
K  P  Z  P  P  R  L  K  N  N  S  I  E
N  G  V  B  A  O  T  I  I  E  S  S  S
I  N  G  X  O  C  K  H  N  B  C  H  B
J  G  Q  F  X  S  S  I  E  A  E  T  Q
I  W  M  C  I  Y  T  H  P  N  R  T  Y
H  O  M  R  E  H  A  A  A  O  Q  R  H
T  U  F  K  G  V  D  N  U  J  L  Y  W
Q  L  N  U  I  E  I  B  E  T  T  G  F
W  O  A  O  T  G  L  J  B  I  N  R  B
M  N  R  R  A  E  A  K  L  I  O  Z  X
S  T  D  N  K  N  T  A  O  L  R  U  N
O  N  S  O  T  S  C  D  I  N  H  G  U
V  U  R  I  U  S  S  C  B  K  L  P  L
X  T  C  I  A  I  E  Q  O  H  P  Q  Y
K  S  W  R  M  T  B  G  L  W  N  E  J
```

America the Beautiful

Each of the words in the list below are found in the lyrics of the classic anthem "America, the Beautiful". Katherine Lee Bates penned these words after seeing the awe-inspiring views from the top of Pikes Peak.

Amber	Life
America	Loved
Beautiful	Mercy
Cities	Patriot
Country	Plain
Crown	Sea
Dream	Shed
Feet	Shining
Gleam	Skies
God	Soul
Grace	Spacious
Grain	Tears
Heroes	Thy
Human	Waves

```
P L U O S Z S T N A Y H T
F U Q L O V E D O O W T W
C N R C Y B L B T U E A P
G R A I N I D R Y A V A U
T F Y H F N F P R E T G A
B E V E S W D S S R R M S
Q E I I P O H V I A E H H
O T W S A R F O C R I E W
S H E D C C T E I N R J P
X R K B I Q B C I O S L X
O T D G O L A N E A A R A
D L Y A U T G S S I C Z W
O U M I S C K E N O M L C
G F N E P N I I R B P O Z
W I J J R K R T H E U H Y
E T G M S C N V I N B A K
A U X A L Y Y A T E M M R
O A A E A J W R M M S D A
M E X R E Z Y Z G U T X R
I B F D S M A E L G H Z U
```

Comparisons

Choose the correct answer to complete each analogy!

1. Apples are to oranges as
   planets are to:
   a. Spaceships
   b. Stars
   c. Galaxies

2. Sewing is to needle as
   woodworking is to:
   a. Crafting
   b. Carpentry
   c. Chisels

3. Dog is to canine as cat is to:
   a. Litter
   b. Feline
   c. Animal

4. Madison is to Wisconsin as
   Sacramento is to:
   a. California
   b. Nevada
   c. Arizona

5. Ball is to soccer as cue is to:
   a. Cricket
   b. Billiards
   c. Stagecraft

6. School is to fish as gorillas
   are to:
   a. Band
   b. Brace
   c. Bevy

7. Mystery is to book as
   desktop is to:
   a. Keyboard
   b. Information
   c. Computer

Those who plant a garden plant happiness.

Proverb

Garden Path

Find the differences, can you find all 8?

The words we used...
because we were so cool.

Blast

Bummer

Cool cat

Cruising

Daddy-O

Dig it

Dreamboat

Far out

Gear

Groovy

Hot rod

Outta sight

Rad

Threads

Unglued

Words

```
K Q O A M X R A E G I V T U A T V
C O P S D A E R H T L X B B Z W U
W R B R Y O S N B I G D A R O N O
F K U L A D S Y V P E Z G R G U T
G F O I A K D I G I T D D L T F R
B O Y P S S L E G A B S U T T Y C
F N D Z B I T H O V P E A N T V W
Q E D W Q C N B H O D S R L A T T
Y T A Y N Y M G Z O I E I N C U R
R D D N X A L S R G M V A B L O V
J Y K N E R D T H M M Y V O O R G
V Q Q R U B O T U S D O N I O A U
R N D S Z H U B F P J W P V C F W
```

Words Illuminated

Find these words that are
subtly hidden within the scene:
Sun, Moon, Glow, Bulb,
Lamp, Candle, Nova,
Torch, Star

89

Tree Line

There are 12 trees named in these lines –
can you spot them?

MAGELMERASHO
LINBREHICKORY
ONELOWEDEPINERCE
DAROTHERASPENET
TERESACYPRES
SORARYPALMUMO
SATEMAPLESTER
NOAKLASSIDERY
MAGNOLIAREN
AREDBUDERNAL

Spot the Words!

Discover the words or phrases depicted in each puzzle.

_____   _____

_____   _____

Cities on Route 66

Each one of these cities is located along the original route of the Mother Road.

Albuquerque	Lebanon
Amarillo	Litchfield
Barstow	Los Angeles
Bristow	McLean
Carthage	Riverton
Chicago	Springfield
Commerce	St Louis
Galena	Tucumcari
Gallup	Tulsa
Geary	Valentine
Hackberry	Vega
Holbrook	Winslow
Joplin	

```
A H M C L E A N Y C K N X
C H I C A G O Y F W J U K
S Q J W I O L L I R A M A
W P C Q E R J P U L L A G
A H R O E G A O D I V K Z
S X E I M N A C P W V T S
L H H U N M O H M L Q U I
U U D D Q G E T T U I E U
T W I M B R F R R R C N O
B L I H H A E I C E A U L
D O D N A O R U E E V C T
E S U L S C L S Q L S I S
N A J A E L K B T U D U R
I N W O N I O B R O B W H
T G O J O A F W E O W L I
N E T C N N F H Y R O T A
E L S J A E A H C R R K B
L E I S B L V G M T A Y Q
A S R L E A P U E F I E P
V I B K L G H U Y V L L G
```

Referring to the Birds

Popular idioms refer to birds!
Find the bolded words.

A **little** bird **told** me the **news**.

Birds of a feather **flock** together.

A bird in the **hand** is worth **two** in the **bush**.

The whole **situation** is for the birds.

He's a **wise** old bird, **that** one.

An **early** bird **catches** the **worm**.

Supplies are as **scarce** as hen's **teeth**.

From up there,
he had a bird's **eye** view of the **event**.

```
M  J  K  G  E  L  L  Z  F  P  D  F  F
A  F  E  C  R  A  C  S  O  R  R  R  M
A  L  B  Z  U  A  W  V  O  H  O  T  J
Q  O  S  P  N  R  R  E  O  M  E  R  F
Q  C  F  O  C  G  P  Z  Y  E  L  V  F
T  K  C  P  P  L  J  A  T  E  G  N  U
O  H  A  N  D  E  T  H  T  W  X  T  V
L  D  C  H  K  I  N  W  K  E  A  E  W
D  C  S  N  S  W  V  G  O  V  P  A  A
Z  U  Q  W  O  T  M  K  K  E  K  B  D
B  Z  E  R  K  E  S  O  B  N  D  V  P
P  N  M  Z  N  C  V  E  Z  T  Z  N  T
A  E  I  H  V  O  N  Z  H  E  B  H  I
N  N  D  L  H  E  I  K  B  C  A  X  Z
B  Z  Y  D  B  H  Z  T  T  T  J  Z
G  O  Y  L  Y  E  S  J  A  M  I  A  V
N  F  J  L  G  D  H  B  O  U  N  B  C
A  L  R  V  R  R  M  M  X  S  T  W  O
K  A  C  I  X  E  F  E  L  T  T  I  L
E  E  B  N  E  E  S  I  W  Q  T  L  S
```

Outliers

In each set of words,
circle the item that does not belong
logically with the other four.

1. ORIOLE   WREN   BIRDSEED   BLUEBIRD

2. EMAIL   BOOK   NEWSPAPER   MAGAZINE

3. SHOVEL   TROWEL   HOE   HOSE

4. LETTER   ENVELOPE   GREETING CARD   NOTE

5. BASEBALL   SOCCER   GLOVE   HOCKEY

6. JALAPENO   CAYENNE   SALSA   BELL

7. CAR   SLED   BUGGY   SLEIGH

8. TIARA   BARRET   CROWN   COIF

9. SAUNA   FACIAL   SPA   POOL

10. PERU   FRANCE   SPAIN   PORTUGAL

Word Drop

Place the words in the grid so that five words read across and five words read down. A letter has been added to get you started.

ALOES   LIEGE   RIVAL
ARROW   OGLED   SLEDS
EASED   OVULE   WEEDS
            REUSE

			E	

American Rivers

From east to west, north to south, each river has its own beauty, character, and stories to be explored. Find as many as you can here.

Arkansas	Ouachita
Brazos	Pecos
Canadian	Red
Cimarron	Rio Grande
Gila	Sabine
Green	Sheyenne
James	Smoky Hill
Kuskokwim	Snake
Milk	Tanana
Mississippi	Tennessee
Missouri	Wabash
Niobrara	White
Ohio	Yukon

```
R  I  O  G  R  A  N  D  E  V  N  O  W
E  S  K  S  S  A  B  I  N  E  K  H  C
N  E  L  O  X  T  H  Z  B  Q  I  I  O
A  K  I  C  Q  O  H  I  O  T  M  A  M
I  U  M  E  L  L  U  L  E  A  L  I  A
D  S  I  P  L  F  R  Z  R  I  S  R  J
A  K  P  H  I  V  D  R  G  S  K  A  Q
N  O  P  W  H  V  O  V  O  A  M  A  H
A  K  I  H  Y  N  B  U  N  E  S  N  U
C  W  S  S  K  Z  R  S  S  E  O  A  Y
P  I  S  A  O  I  A  L  R  S  H  N  U
I  M  I  B  M  S  M  Q  N  S  W  A  K
A  H  S  A  S  A  E  E  F  E  C  T  O
T  A  S  W  B  R  N  K  H  N  E  T  N
I  B  I  Z  R  A  N  A  O  N  F  R  Q
H  K  M  N  A  R  E  N  I  E  H  P  G
C  S  J  D  Z  B  Y  S  W  T  K  W  N
A  F  E  I  O  O  E  Y  Y  K  K  T  K
U  R  K  U  S  I  H  H  H  L  X  O  U
O  Q  H  N  B  N  S  U  I  O  E  P  T
```

Word Finder

How many words of 3, 4, and 5 can you make from the circle of letters? The letter tiles give you a clue for common words. Answers may vary. No proper names or plurals, please. Letters can only be used once.

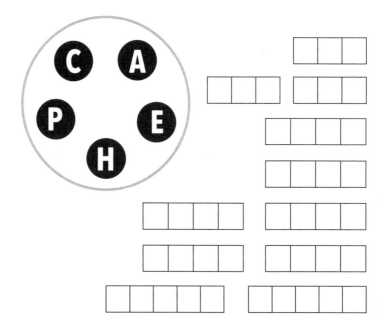

In the kitchen

What could you see from your kitchen table?

Avocado fridge

Canister set

Carved wood

Chrome table

Cookie jar

Fruit bowl

Gelatin mold

Hand mixer

Instant OJ

Jelly glass

Laminate

Metal grater

Oilcloth cover

Pink tile

Wall phone

```
I  G  A  M  E  T  A  L  G  R  A  T  E  R  R  O  Y
Q  F  V  R  L  G  C  Q  Y  A  Z  M  U  E  B  R  L
E  U  O  A  A  E  A  H  K  J  F  D  R  Q  Z  B  W
L  W  C  J  M  L  N  S  S  A  L  G  Y  L  L  E  J
B  E  A  E  I  A  I  H  L  E  L  I  T  K  N  I  P
A  N  D  I  N  T  S  D  O  O  W  D  E  V  R  A  C
T  O  O  K  A  I  T  U  U  F  O  X  E  I  X  U  Q
E  H  F  O  T  N  E  S  L  W  O  B  T  I  U  R  F
M  P  R  O  E  M  R  C  D  E  L  I  Y  T  Y  E  R
O  L  I  C  T  O  S  P  R  E  X  I  M  D  N  A  H
R  L  D  J  I  L  E  P  X  Y  P  R  X  T  G  Q  J
H  A  G  H  Q  D  T  C  J  O  T  N  A  T  S  N  I
C  W  E  N  R  E  V  O  C  H  T  O  L  C  I  O
```

Olympic Sports

We love Team USA, but whatever countries the athletes in these events represent, we salute their dedication and skills.

Weightlifting	Surfing
Rowing	Field hockey
Golf	Sailing
Taekwondo	Soccer
Triathlon	Diving
Volleyball	Swimming
Archery	Wrestling
Fencing	Cycling
Boxing	Rugby union
Judo	Kayak
Water Polo	

```
C F T A E K W O N D O P A
H Y S N M G E Z P N S O Y
C F C A O K N L E D G D I
P Z E L I I I I H W B U L
W F F N I L N L V O O J D
H E F J C N I U G I H L S
L E I J H I G N Y L D W V
A I E G T Z N F G B I N T
P A L B H F Y G H M G R P
I B D R F T N R M B I U Y
F L H E G R L I E A E N R
O L O C V N N I T H B B G
L A C C R G I H F F C T T
O B K O L B L L G T I R Q
P Y E S Y O O N T G I A A
R E Y U N H I X N S C N L
E L T A M F Q I I S E Y G
T L K K R O W V L N B R V
A O V U E O C Z H X G K W
W V S A R J K A Y A K Y E
```

Happiest are those who can enjoy
the scenery on a detour.

At the Beach

Find the differences, can you find all 5?

Fun Puns

Here's a little play on words to make you smile!
Match each word in the left-hand column with
its fun pun in the right-hand column.

1. Barber

2. Ego

3. Illegal

4. Baseball

5. Lock

6. Ouch!

7. G

8. Acorn

9. It's useful in a pinch

10. Sage saga

a. Organization that can't
   survive without strikes

b. The end of everything

c. The yell of experience

d. It's all keyed up

e. Western

f. The town cut-up

g. Salt

h. A sick bird

i. I-dolatry

j. An oak in a nutshell

Strike Up the Band!

Marching band, symphony, orchestra, jazz ensemble instruments all make a "notable" appearance in this word search.

Flute	Cymbals
Oboe	Bells
Clarinet	Timpani
Trumpet	Xylophone
French horn	Vibes
Bassoon	Marimba
Trombone	Cello
Baritone	Saxophone
Tuba	Piccolo
Snare drum	Maracas
Bass drum	Violin

J D M Z H T E N I R A L C
B S N A R E D R U M P Y J
A O Z T A M U R D S S A B
S F R E N C H H O R N Q B
S W I V C E N O B M O R T
O O I I E X A B M I R A M
O R C O I F K F R B S T B
N W S L A B M Y C R B S F
I N H I Y T U B A S I L Y
O E Y N I X H A U D U L L
V W X O N G Q T R T G E F
Q R X I A G E W E E E B N
X W W B P P Q R N N B E P
S O Q B M C Q O O R N I V
A E A U I W H H V O C I G
C O R W T P P O T C B Y O
A T L R O O U I O E X H X
R X C L X B R L S Y H M H
A V Y A E A O Y H E K B D
M X S A B C O B O E Z O L

Games we played together

What were your favorites?

Badminton	Hopscotch	Pickup sticks
Board game	Jacks	Ping pong
Catch	Jump rope	Red Rover
Fish	Leap frog	Stickball
Footrace	Marbles	Tag
Hide and seek	Marco Polo	

```
B T L Q V K G W Y E M M J N G E G
A K C Y F B O K D A Q U H N L S L
D E J L O U U O Y D M U R L K E M
M E C I O P I N G P O N G C A A M
I S A W T N Z N R F E J I P R A W
N D T Q R N H O R M C T F B R Y A
T N C E A U P E A Q S R L C Q C N
O A H T C E V G W P O E O G R J Y
N E G V E O D H U G S P A V A A A
B D E C R R S K T X O T K C F J I
J I I D A I C D L L A B K C I T S
A H E O F I S T O I C S R S Y K F
P R B D P G W Y H C T O C S P O H
```

Middleman

Insert a three-letter word on the spaces to form a complete word reading left to right.

1. C O M __ __ __ T E R

2. S T __ __ __ G E R

3. V I L __ __ __ E R S

4. O T __ __ __ W I S E

5. S O R __ __ __ F U L

6. S E N __ __ __ I O N

7. I N G __ __ __ I E N T

The Chef Must Have Had a Sense of Humor...

Toad in the Hole

Mud Pie

Gnocchi

Gyro

Gumbo

Snow Cone

Pigs in a Blanket

Mush

Sloppy Joes

Pickled Pigs Feet

Muffuletta

Frybread

Buffalo Wings

S'mores

Sliders

```
C M F O S F B O B M U G C I P
T B U F F A L O W I N G S I Z
J E A S D J B D C D P F G N T
T M E I M B N J I H G S P O L
Z Q N F T O F Z Y H I X A G A
R I D R S X R Y H N C D L U M
M I M P R G M E A Z I C L N D
Q J N J N U I B S N B M O Y O
C A H I S Y L P T G N C H N J
X Y F H S A H H D Z C C Q A G
W B X C N L E M K E B L M C Q
U Y J K K H O Y U N L Z W Z V
A A E E O K Z P A D L K Z U J
T T E L F H D V P W P I C W A
T N E G Z B A N K Y R I W I O
E O M J I E E X V E J C E G P
L R S S D J R Z D L K O Q D N
U Y P Q U J B R D H J X E O Y
F G O P F G Y R G C B K R S T
F H B X S F R V X G I Q U J E
U N N R E T F O S R E D I L S
M B H E J L R E N O C W O N S
```

Spot the Words!

Discover the words or phrases depicted in each puzzle.

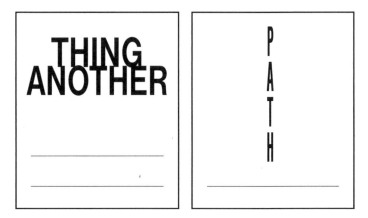

THING
ANOTHER

_____
_____

P
A
T
H

_____

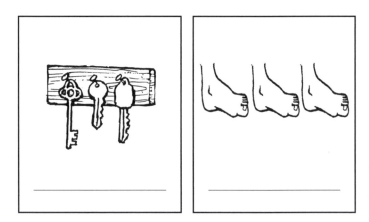

_____

_____

The road trip

What were your favorite memories and destinations?

Alphabet game	Funny billboards	Rest stop
Backseat	Motel	Rhyming ads
Cheap gas	Packed lunch	Route Sixty-Six
Full-service pumps	Paper map	Scenery
	Postcard	Souvenir

```
W P O S T C A R D S A G P A E H C
L S P M U P E C I V R E S L L U F
B K P M E X Z H U L I I K N F N X
U V G H O E M A G T E B A H P L A
E T R O U T E S I X T Y S I X Q R
J B A C K S E A T H N B R K H Q N
F W K C K O P L T U Y R E N E C S
F U N N Y B I L L B O A R D S O T
A L C H J I H C N U L D E K C A P
O U V U Z I P S A P A M R E P A P
I D R X H F A R E S T S T O P E G
U E C P W I G S D A G N I M Y H R
M X P L C X D T N R I N E V U O S
```

Family Reunion

Many families look toward fall holidays as a time to gather. Round up all the kinfolk you can in this word search.

Father	Grandson
Mother	Granddaughter
Brother	Aunt
Sister	Uncle
Son	Nephew
Daughter	Niece
Son in law	Cousin
Daughter in law	Dog
Grandfather	Cat
Grandmother	Spouse

```
W A L N I R E T H G U A D
H C O U S I N M H V F R G
J A U N T X R M W I M Y R
B G I K B M E L Z S C R A
M S R T O K H U T I P K N
L F O A T M T T X S Y Z D
M Y Q N N W O K A T A T D
M S R D I D M W N E M G A
K E B E A N M B D R J A U
N S P R H U L O K I M U G
I F O R O T G A T I K E H
E N G N Q T A H W H R I T
C E V N F U H F T K E J E
E P O O R R E D E T R R
E H K I F S U R R N R J R
S E C L E E D O E N A G C
U W T A C F L N W H X R V
O M T W P K D C A O T M G
P P O S L D O G N R N A G
S A F B V J U T Q U G N F
```

Words of Cheer

Mirth

Humor

Smile

Comedy

Comics

Levity

Puns

Knock Knock

Glee

Cartoon

Hilarity

Gaiety

Happiness

Cheerfulness

Animation

Elation

Jovial

```
U E G N B Y G B E R W R P I M
C A L X R Q F C P J U G H I G
K R W A S Q T P P A C U R U H
G N S B T M Z O O G M T Q O U
D G O S G I I J V O H I H I P
P H W C S P O L R H U S M Q U
Q U C U K E E N E Z Q E I N O
I P N J X K N Z K S V L Z R A
G P Z S K H N L K X O R S Y V
C O M I C S N O U Y R A P X X
E O G H W K K O C F F T K T H
Z A K P S X F Y S K R F P A P
O T E L A I V O J M Q E P Z P
E L E V I T Y R J N C P E E W
E O N Q M A C W O A I H Y H R
L R M J F R P I R N O T F Y C
G B Q C Q L T T E N I K T Y F
M O D M Y A O S M R U E T G I
S I J R M O S C A O L E X O M
W W N I N C J L F P I Y P Q N
J P N F L Y I I L A J W L P Z
T A R O D H P I G Y D E M O C
```

Flavors, Herbs & Spices!

Nutmeg	Coriander
Ginger	Curry
Cinnamon	Cumin
Sugar	Rosemary
Maple	Turmeric
Vanilla	Saffron
Pecan	Garlic
Sage	Cocoa
Bay leaf	Allspice
Basil	Cranberry
Thyme	Pumpkin
Marjoram	

```
B C I N N A M O N E G A S
C K P L A O G G C Y J R S
O S E I E O I U U B H A U
R A C S A C Y T M V P G D
I F A A O P L E I S R U H
A F N B C Y Z G N R C S A
N R H Y O S R E E I L L K
D O H Y C Z M A R M L N V
E N T M R N Y E M S T B G
R G G H W R M L P E Y U C
B H U Y Y R E I N V S A N
A I Q U U M C B S D L O V
Y C O T J E E H N L V I R
L M J O B I N E I A D U I
E R A J D I K N E R R E U
A J U T K P A H K V A C J
F E N P W V S D E L P A M
R X M Y R R U C I L R A G
R U M H T H I R E G N I G
P G M E J M A R O J R A M
```

Spot the Words!

Discover the words or phrases depicted in each puzzle.

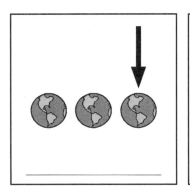

STEP PETS PETS

_____

_____

STATESSTATESSTATES

_____

SideSide

_____

What was that?

Things you might have to explain to kids today.

Beeper

Corn popper

Dictation device

Dot matrix printer

Drive-in speaker

Fax machine

Floppy disk

Overhead projector

Pager

Phone booth

Rotary phone

Slapstick

TV test pattern

VHS tape

Vinyl record

```
I I K R E K A E P S N I E V I R D
P E F Y G F A X M A C H I N E Y J
V J H N J J Z K S I D Y P P O L F
R B T G G K C I T S P A L S U G O
E D I C T A T I O N D E V I C E T
G J H T O O B E N O H P H F Y Q N
A V H S T A P E B I X O X U B S E
P E I I Z I E N O H P Y R A T O R
G M S J N R E T T A P T S E T V T
R R E T N I R P X I R T A M T O D
B C P V I N Y L R E C O R D M L W
R O T C E J O R P D A E H R E V O
E C O R N P O P P E R R E P E E B
```

Circle of Simplicity

In this spiral puzzle are words relating to the tranquility of the country life. Circle them as you go. Some may overlap.

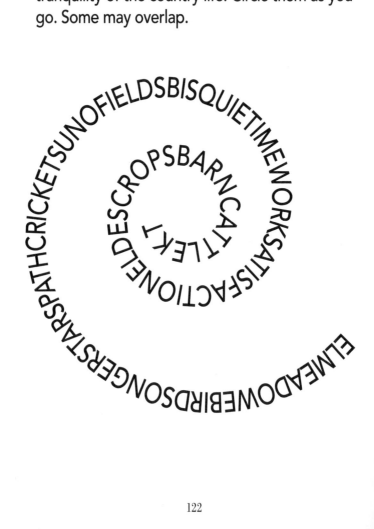

Cottage Garden

Choose a set of letters from each column to form the name of a garden flower. Use each set of letters only once, and use each set in the order given.

SNA	BI	HUS
LA	EBE	WER
BLU	ANT	EA
HI	RNFL	AGON
LA	LYH	NDER
DI	EBO	WER
BLU	RANG	SCUS
SU	PDR	OWER
HOL	DFLO	OCK
CO	NFLO	ANA
HYD	NT	LLS
WIL	VE	NNET

_____

_____

_____

_____

_____

_____

_____

_____

_____

_____

_____

_____

Restful Sights

Birds in flight	Sanctuary
Blossom	Sea
Clouds	Sky
Comfy cat	Stars
Field	Sunbeam
Flower	Sunset
Green plant	Tree
Landscape	Water ripples
Moon	Water lily
Rose	Woods

```
T H G I L F N I S D R I B
V W B Y U B R C X R X Y V
S E Z H K K H Z E Z K W A
W A Z O Y L I L R E T A W
N A N T N A L P N E E R G
Q K T C X A B Y B E E R T
E L S E T S M O S S O L B
S A O U R U D C C M T T K
C U P G N R A U D M Y V M
L N N U V B I R O P R O F
S K Y S E T E P Y L O A N
E A S Y E P B A P N C Q U
A T O M S T A S M L O T A
R G A D X Z K C C I E K S
W Z O C O Y E R S Y W S U
H O Q X Y N X S E D V I L
W E D P H F R F L W N T L
M S Y O Q A M E K F O A J
R O G H T K I O K F G L L
X R D S N F K Y C L B Q F
```

Women's Hairstyles

Beehive

Bouffant

Pixie cut

Shag

Updo

Bob cut

Blowout

Feathered

Finger wave

French twist

Pageboy

Pigtails

Wedge

Fallera

Fringe

Lob

Ringlets

```
P C F W L Y A W B A K L N H A
Q A C R O E D E R E H T A E F
A G G X E K S K U P U I K B X
O A L E N N H U I L R N X H Z
D M K V B C C Q P U U N K M M
P C N X J O Z H E V I H E E B
U I K U L O Y K T Y T G J Y V
F V G M V Z U M C W N B M R P
U G M T H O G Z D C I E C K G
V B V J A W R H P Y H S Z M N
B Z L O M I P R O B K F T R W
O Y X O V O L D A O U F W Y L
B X F E W T Z S L U I B O L M
C D I V Y O H A O F O R D X H
U H V A Z X U U Q F F I P S Z
T L P W T O C T Y A M R Q T I
S D T R X I A F F N T K G E W
N Y W E D G E L B T I W F L L
G G Z G F U F R I N G E X G H
A F L N A A R E L L A F G N D
H N W I P I X I E C U T I I G
S X Y F P O Z J D L E L K R J
```

INTRUDER ALERT! Can you spot who is sneaking around the birdfeeders?

Things We Grew Up With

Those were the days!

Bread man

Family dinner

Fluffernutters

Hardcover books

Ice cream truck

Local school

Party line

Saddle shoes

Shag rug

Tin toys

Turtleneck

TV dinner

```
F R K S K O O B R E V O C D R A H
T A I C G T I N T O Y S E E R L G
T V M S U S C S Q E N Z C M J O M
W U D I H R E T A C A K Z F J C P
U P R I L A T O V T M U P X N A A
W U U T N Y G M H V D Q L Y O L R
L S F T L N D R A S A G C V E S T
H J R A Z E E I U E E H H J U C Y
H Y J O E H N R N G R L N T U H L
Q H K G Z O Q E U N B C D S D O I
X S X O Q T S Q C W E J E D M O N
K L W O Q U K W M K P R J C A L E
F L U F F E R N U T T E R S I S A
```

Without a Clue!

Now this puzzle has answers, but no clues! It's up to you to fill the grid with the alphabetized answers listed below. Each word will be used once. *Hint: Start out by adding in the long words so they intersect correctly.*

ADO	IOU
AMERICA	LIP
APR	LOP
APT	LTD
COO	MOC
CPU	OCT
DON	PERCENT
DOT	PLY
DURABLY	REBUILD
ELL	RIP
ILL	TOE

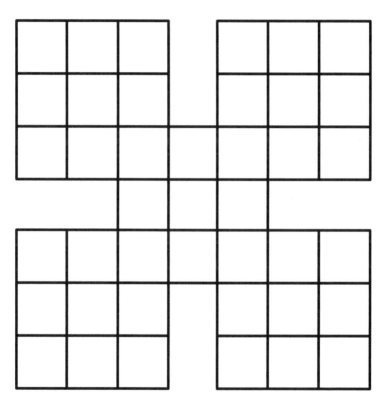

Only two of these clusters of shells are exactly alike. Can you spot them?

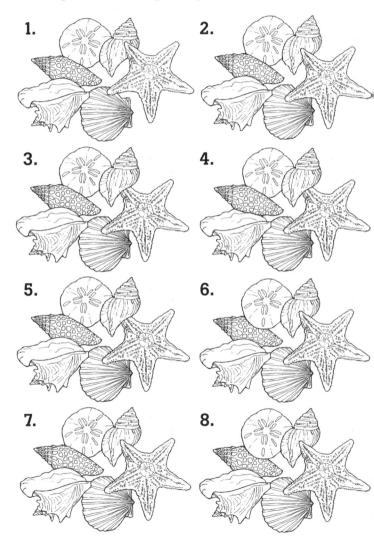

1.

2.

3.

4.

5.

6.

7.

8.

Word Finder

How many words of 3, 4, and 5 can you make from the circle of letters? The letter tiles give you a clue for common words. Answers may vary. No proper names or plurals, please. Letters can only be used once.

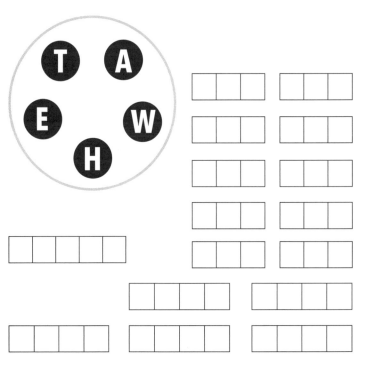

Simplicity

When you have found all the words, the letters left over in the word search will leave you with a "simple" saying!

CALM	LAIDBACK
COMFORT	LOVING
CREATIVE	MODEST
DREAMY	NATURAL
EASYGOING	ORGANIZED
FRUITFUL	PATIENT
GENEROUS	PLAIN
GRACEFUL	RELAXING
HEALTHY	SERENE
HOMEY	SNUG
HUMBLE	USEFUL
JOYFUL	WISE

```
T H E A L T H Y A Y M A E R D
C E S I W K G N I O G Y S A E
A E T I M S N U G E N E R E S
L E L A I D B A C K T O S A Y
M V O R R T L U F E C A R G E
H E S E I E E L B M U H M P M
L E T D V H L I N G S S I U O
S N L C E I N A T U R A L S H
U E U T H Z T N X E R E T E G
O A F R L E I A I S O N F N
R M T A N U Y N E A N A E U I
E N I D M O F S A R L G I L V
N T U O F T H Y E G C P T M O
E A R T R O F M O C R R A E L
G F F T S E D O M J R O P E E
```

____ ____ __ _____ ___

_____ _____, _____ _____

___ __ _____ ___ ____ __

____ ___ ____.

Addled Adages

Match the beginning of the proverbs in the first column with its correct conclusion in the second column!

___1. If you don't stand for something...

___2. If you find that your faith is unraveling...

___3. If you don't want the fruits of sin...

___4. If God removed the rocks...

___5. If you keep waiting for the right time...

___6. If the grass looks greener on the other side...

___7. If everyone sweeps before his own door...

___8. If you won't admit it when you're wrong...

___9. If you don't take time to do a job right...

___10. If you've headed down the wrong road...

___11. If you want to know how rich you are...

___12. If God brings you to it......

a. ...fertilize.

b. ...you love yourself more than the truth.

c. ...count your blessings.

d. ...see where you dropped the thread
    of obedience.

e. ...He will bring you through it.

f. ...the brook would lose its song.

g. ...you're going to have to make time
    to do it over.

h. ...you will fall for anything.

i. ...remember God allows u-turns.

j. ...you may never begin.

k. ...the whole street is clean.

l. ...stay out of the devil's orchard.

Good Words

Pick the definition that best fits the "good word" provided.

1. **EFFERVESCENT**
a. Kind
b. Lively
c. Nice

2. **INTREPID**
a. Courageous
b. Gentle
c. Agreeable

3. **ESTEEMED**
a. Essential
b. Honored
c. Nurturing

4. **ETHICAL**
a. Enthusiastic
b. Secure
c. Principled

5. **COMMENDABLE**
a. Worthy
b. Intelligent
c. Poised

6. **PROLIFIC**
a. Productive
b. Friendly
c. Clean

7. **EMPATHETIC**
a. Powerful
b. Zealous
c. Understanding

8. **HUMANITARIAN**
a. Compassionate
b. Fun
c. Popular

9. **CONTEMPLATIVE**
a. Contented
b. Reflective
c. Graceful

10. **MUNIFICENT**
a. Distinguished
b. Generous
c. Lucid

11. **INTUITIVE**
a. Fortunate
b. Celebrated
c. Perceptive

12. **PHENOMENAL**
a. Extraordinary
b. Unwavering
c. Harmonious

See You There

Popular ways and places to get together.

Bowling

Canasta

Checkers

Club

Dance show

Diner

Drive-in

Garage band

Ice rink

Neighborhood

Record player

Roller skate

Rummy

Sleepover

Sports

```
Z X R Q B B K Z R D G C M E G N E
I S O R K D R R X B R U P Z B D C
G G L E O C O U U A F Z Q J X L P
F N L Y D H K O M P M C P T U P S
W I E A N E N C H M D D C B Q L S
O L R L A C J D J R Y S G J E G K
H W S P B K A K N V O I T E X E Q
S O K D E E T N H I O B P R V L D
E B A R G R S I M B E O H E O I D
C N T O A S A R Q P V V M G N P Q
N Z E C R L N E H E D C I E I P S
A K W E A X A C R S A P R R T E P
D L H R G D C I W T N Z P H D F N
```

Avian Oddities

Trivia, anyone? Find the bolded words.

*Southwest Africa's **sandgrouse**
fills its belly **feathers** with **water** to take
back to its nesting **chicks**.*

*Bearded **vultures** enhance their **appearance**
by dyeing their feathers with **red** soil.*

*__Hoatzin__ hatchlings are **born** with
tiny **claws** on their wings that allow
the **Amazon** natives to climb **trees** and
away from **predators**. The claws **disappear**
after they learn to fly.*

*__Pigeons__ can learn to **read**,
recognizing up to 50 **words**.
They also can **recognize** human faces.*

```
R E A D M L R V I N O Q C
L H R Z P F Q L S E G H Z
Z V D E U I C N S K I B T
C X U W C E G U O C X W V
A S P L T O O E K Z T L Z
N R O O T R G S O R A N Z
M G Z U G U O N E N K M P
C O Q D T W R E I E S R A
E D N R X H S E C Z E Z B
K A I A J X W N S D E O L
S W M S K L A E A O R N R
Q Z W G A R P T S N I E E
L S R B A P O O B T M J T
T H R E T R P T A R N Z A
K K P E S D S E O Q I S W
J P S Z H W J C A Z Z C B
A R V V A T Y R F R T B Z
U N W L N R A F D I A I T
W X C M R A H E Y N O O Q
G S D R O W R U F L H Z Y
```

It Always Tastes Good

Apple pie	Licorice
Brownie	Peanut butter
Chocolate bar	Popcorn
Cobbler	Pretzel
Fudge	Pudding
Hot chocolate	Strawberry shortcake
Ice cream cone	Sugar cookie
Ice tea	Taffy
Lemonade	Watermelon

```
L  S  S  E  I  C  E  T  E  A  J  A  H
I  T  T  V  S  Z  N  R  O  C  P  O  P
W  P  R  U  N  A  W  Z  M  Y  I  H  I
A  E  A  M  J  G  L  E  Z  T  E  R  P
T  A  W  D  D  N  E  W  J  A  P  K  C
E  N  B  A  K  F  I  Z  A  Q  U  J  B
R  U  E  M  S  Q  P  D  L  R  D  I  V
M  T  R  H  L  F  E  W  S  V  D  C  F
E  B  R  O  I  C  L  Y  U  U  I  E  L
L  U  Y  T  C  T  P  F  G  X  N  C  Z
O  T  S  C  O  M  P  F  A  U  G  R  F
N  T  H  H  R  F  A  A  R  A  P  E  B
E  E  O  O  I  U  J  T  C  Q  B  A  S
D  R  R  C  C  D  D  Q  O  J  W  M  R
A  H  T  O  E  G  K  A  O  W  Q  C  E
N  O  C  L  C  E  T  I  K  I  A  O  L
O  P  A  A  Z  Z  L  H  I  C  R  N  B
M  V  K  T  R  M  T  I  E  S  E  E  B
E  L  E  E  I  N  W  O  R  B  L  P  O
L  R  A  B  E  T  A  L  O  C  O  H  C
```

Attic Treasures

Autograph book

Oil lamp

Costume jewelry

Red wagon

Curio cabinet

Roller skate key

Diary

Scrapbook

Dollhouse

Sepia photo

Jump rope

Sports trophy

Knickknack

Train set

Memory album

Vintage dress

```
I A C C Z P E C D I T T V
I Y J U J T I O M J I U J
S W X R U R L S C M J E J
B I Z I M A J T D Z D H O
K O L O P I Y U C H D L J
O A Z C R N E M A P P P G
O Z C A O S K E S O O B P
B O K B P E E J E Y V Y Y
H D N I E T T E P H I R J
P M I N G P A W I P N A N
A U C E R S K E A O T I D
R B K T M C S L P R A D O
G L K B C R R R H T G N L
O A N P Z A E Y O S E O L
T Y A M L P L N T T D G H
U R C A R B L W O R R A O
A O K L K O O E K O E W U
Y M T L N O R B L P S D S
W E X I N K R E N S S E E
Z M S O G Q M E G Y Y R E
```

1950s Fashion

Fess up if you wore these and felt fantastic!

Argyle prints	**Full skirt**	**Suits**
Bobby socks	**Plaid shirt**	**Vest**
Bow tie	**Poodle skirt**	**White shirt**
Cardigan	**Pullover**	
Crinolines	**Shirtwaist dress**	

```
R N S M N L Q T R X S E I T W O B
K G O X E T V S D N A G I D R A C
S H I R T W A I S T D R E S S C B
Y D E X J T R I H S E T I H W H N
T T W P B X C R I N O L I N E S B
Y R M H U C N T R I H S D I A L P
D I H J T R I K S E L D O O P S M
F K C P U L L O V E R R A A L T T
D S I S N V D B U F N L G Z R Y V
U L F T X S T N I R P E L Y G R A
D L M I J Q S B U H S E L D D T S
P U I U M N W I U E K K T S E V B
O F T S B O B B Y S O C K S V Q H
```

PRE-PRESIDENTIAL OCCUPATION Match Up

Draw a line from the President to a job he held before he was elected. (Hint: one President will match up with two different jobs!)

1) Postmaster

a. Ronald Reagan

2) Mine Worker

b. Herbert Hoover

3) Model

c. Andrew Johnson

4) Peanut Farmer

d. Jimmy Carter

5) Tailor

6) Picking bugs off potato plants

e. Abraham Lincoln

f. Gerald Ford

7) Actor

Scrambler

Unscramble the words under each topic; then unscramble the circled letters for hidden word related to the topic!

TRAINS

N S L I G A
_ _ _ _ _(_)

E H T R F I G
_ _ _(_)_ _ _

O A R X B C
_ _ _ _ _(_)

T T I S A N O
(_)_ _ _ _ _ _

B O O A C S E
_(_)_ _ _ _ _

Hidden word: _ _ _ _ _ _ _

BOATS

O L F T A
_ _(_)_ _

N R I L E
_ _(_)_ _

P E P C R L I
(_)_ _ _ _ _ _

T A F R
_(_)_ _

U C S R I E
_ _ _ _ _(_)

Hidden word: _ _ _ _ _ _

Fun Puns

A pun is a play on words that makes you smile! Match each word in the left-hand column with its fun pun in the right-hand column.

1. What people need who jump to conclusions

2. Snow-bound town

3. Drum teacher's advice

4. Wow of silence

5. Grand guy

6. Slope opera

7. Ambition

8. Ski jump

9. Flirt

10. Capital of capital

a. Soar spot

b. Yodel

c. Safety net

d. Wishful winking

e. Beat it

f. Goaled rush

g. Wall Street

h. Ice burg

i. Piano tuner

j. Awe

At the Thrift Shop

Bead rope

Braided rug

Chrome chair

Cooking pot

Delicate teacup

Depression glass

Farmhouse hutch

Hand painted vase

Lacy blouse

Panama hat

Pearl earring

Soup tureen

Souvenir spoon

Table for two

Tall figurine

TV tray set

Wool coat

```
N O O P S R I N E V U O S
R M F H S A W V F T K K P
C H R O M E C H A I R W U
Z T D S S T T A R T N E C
S Y S T K L V N M A T D A
S P O A M E T D H L G P E
A E U B T P R P O L U A T
L A P L F O A A U F R N E
G R T E J R Y I S I D A T
N L U F R D S N E G E M A
O E R O O A E T H U D A C
I A E R E E T E U R I H I
S R E T V B T D T I A A L
S R N W W K R V C N R T E
E I Y O D I P A H E B H D
R N D M L X P S V P R C L
P G D U B P G E V S J N M
E V N T O P G N I K O O C
D P K E S U O L B Y C A L
H W O O L C O A T V S R S
```

Old-Fashioned Fun

Apple bob	Juggling
Balance beam	Limbo
Balloon stomp	Marbles
Beanbag toss	Musical chairs
Disc throw	Obstacle course
Donkey tail pin	Piñata
Egg balance	Potato sack race
Freeze tag	Relay race
Horseshoes	Treasure hunt

```
I  N  P  R  B  G  S  E  L  B  R  A  M
N  T  O  X  K  P  M  R  C  P  V  Y  D
F  K  T  S  L  K  J  K  B  W  O  X  L
B  K  A  T  A  N  I  P  O  B  M  I  L
A  I  T  S  E  O  H  S  E  S  R  O  H
L  B  O  D  W  O  R  H  T  C  S  I  D
A  A  S  U  U  J  E  T  P  Y  V  M  D
N  E  A  B  P  T  S  W  X  G  A  U  O
C  T  C  Y  E  R  R  P  Q  G  P  S  N
E  C  K  V  G  E  U  M  S  F  P  I  K
B  I  R  R  G  A  O  O  S  E  L  C  E
E  G  A  D  B  S  C  T  O  E  E  A  Y
A  A  C  G  A  U  E  S  T  C  B  L  T
M  T  E  N  L  R  L  N  G  A  O  C  A
R  E  F  I  A  E  C  O  A  R  B  H  I
N  Z  M  L  N  H  A  O  B  Y  T  A  L
H  E  W  G  C  U  T  L  N  A  N  I  P
R  E  H  G  E  N  S  L  A  L  W  R  I
Y  R  F  U  I  T  B  A  E  E  N  S  N
Q  F  V  J  N  Q  O  B  B  R  U  B  G
```

Capital Choices

See how many national capitals you know at a glance. Circle the right answer from the choices given:

1. **FRANCE**
   a. Albany
   b. Lyons
   c. Marseille
   d. Paris

2. **BOTSWANA**
   a. Cape Town
   b. Gaborone
   c. Luanda
   d. Maputo

3. **INDIA**
   a. Ahmedabad
   b. Mumbai
   c. New Delhi
   d. Nagpur

4. **POLAND**
   a. Gdansk
   b. Krakow
   c. Lodz
   d. Warsaw

5. **TURKEY**
   a. Ankara
   b. Istanbul
   c. Izmir
   d. Samsun

6. **JAPAN**
   a. Kyoto
   b. Osaka
   c. Tokyo
   d. Yokohama

7. **PHILIPPINES**
   a. Cebu
   b. Davao
   c. Manila
   d. Quezon City

8. **AUSTRALIA**
   a. Alice Springs
   b. Canberra
   c. Melbourne
   d. Sydney

Only two of these spagetti plates are exactly alike. Can you spot them?

1.

2.

3.

4.

5.

6.

7.

8.

The Handwritten Letter

Address

Best wishes

Card

Cursive

Dear

Enclosure

Envelope

Ink

Mailbox

News

Pen

Postmaster

Seal

Send

Stamp

Stationery

Thinking of you

Token

With love

XOXO

```
T  C  X  N  Y  C  U  R  S  I  V  E  P
U  B  F  E  P  O  L  E  V  N  E  B  E
M  H  E  X  E  U  Z  Y  N  N  P  D  N
V  W  P  S  Z  J  S  C  R  M  E  I  T
T  W  T  O  T  N  E  W  S  A  S  Q  R
M  H  K  E  S  W  Q  T  R  E  E  I  C
M  W  I  D  V  T  I  Q  O  S  N  S  Z
I  D  R  N  Q  O  M  S  C  S  D  T  J
C  A  I  B  K  O  L  A  H  X  N  A  F
C  G  T  G  J  I  J  H  S  E  U  M  W
O  Y  N  N  E  C  N  B  T  T  S  P  H
K  R  E  T  X  R  S  G  R  I  E  L  D
C  E  K  F  O  Y  U  S  O  O  W  R  F
N  N  O  E  B  P  V  S  E  F  T  B  R
M  O  T  Q  L  I  S  D  O  R  Y  A  B
H  I  X  K  I  E  W  H  A  L  D  O  E
K  T  X  D  A  E  P  O  I  F  C  D  U
T  A  D  L  M  B  X  N  K  R  X  N  A
V  T  M  S  J  O  K  M  U  V  T  R  E
T  S  W  V  X  A  C  V  V  S  G  Z  O
```

Cozy Place

Awareness

Comfort

Contentment

Cozy

Depth

Equilibrium

Gentle things

Good feelings

Hug

Quietude

Relaxation

Sanctuary

Shelter

Snuggle

Soothing

Texture

Togetherness

Wellbeing

```
H  K  M  U  I  R  B  I  L  I  U  Q  E
G  S  Y  H  U  G  E  L  G  G  U  N  S
T  D  P  Z  G  P  N  J  U  O  H  O  Q
T  O  J  O  O  N  W  R  W  P  O  C  R
G  B  G  W  D  C  I  F  P  T  B  E  T
K  O  F  E  D  E  B  E  H  K  L  Q  O
S  D  O  B  T  Y  P  I  B  A  J  S  P
A  T  R  D  I  H  N  T  X  L  G  E  A
N  H  E  L  F  G  E  A  H  N  L  W  N
C  Q  T  I  U  E  T  R  I  W  A  E  J
T  U  L  E  S  I  E  H  N  R  M  H  W
U  I  E  C  O  H  T  L  E  E  B  F  G
A  E  H  N  G  E  U  N  I  U  S  I  Q
R  T  S  C  L  L  E  B  Z  N  H  S  F
Y  U  B  T  O  S  N  G  U  H  G  A  X
Q  D  N  F  S  C  D  V  C  E  V  S  Z
Y  E  T  N  E  M  T  N  E  T  N  O  C
G  O  P  R  B  C  O  M  F  O  R  T  V
U  E  R  U  T  X  E  T  Z  Z  Q  S  I
N  X  H  O  O  N  B  K  U  Q  P  O  B
```

Ye Olde Barber Shop

American flag

Chair

Chat

Clippers

Father

Haircut

Mirror

Newspaper

Razor

Saturday morning

Scissors

Shaving cream

Son

Striped pole

Towel

Trimmer

Window

```
A M E R I C A N F L A G S
S D L R X J R K D P T O G
C H D O O O O K N F N Z J
T H A N J Z F B B H O G C
D R A V M T A T O W E L W
G Z I T I X F R R K Y I V
N R I M P N S C Y C N Z V
I N M M M H G H C D C G T
N Y C I N E P C O X F W U
R S E J R O R W R F Z E C
O C G L U R J I A E S H R
M I R O O R O T T B A H I
Y S F E R P H R S S D M A
A S L Y P E D B R R M Z H
D O O B R A N E V F G S D
R R R T D F P K P Q A T H
U S I O L P N S L I Q H M
T G A Q I T D B W P R F B
A Y H L P H D V W E L T K
S V C U H O N V N J N X S
```

Word Finder

How many words of 3, 4, and 5 can you make from the circle of letters? The letter tiles give you a clue for common words. Answers may vary. No proper names or plurals, please. Letters can only be used once.

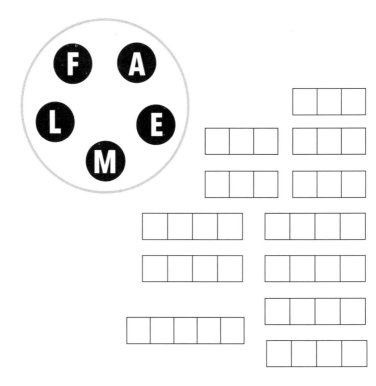

Let's Eat

A tasty tidbit is hidden in column 1. The letters are in order, but they're mixed with unneeded letters. Match the column 1 word with the correct arrangement of white spaces in column 2. The first one has been done for you.

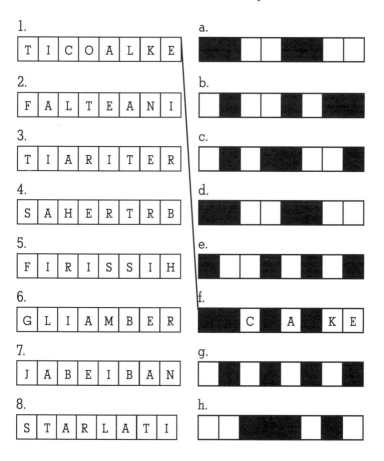

1. | T | I | C | O | A | L | K | E |

2. | F | A | L | T | E | A | N | I |

3. | T | I | A | R | I | T | E | R |

4. | S | A | H | E | R | T | R | B |

5. | F | I | R | I | S | S | I | H |

6. | G | L | I | A | M | B | E | R |

7. | J | A | B | E | I | B | A | N |

8. | S | T | A | R | L | A | T | I |

a.

b.

c.

d.

e.

f. C A K E

g.

h.

Museums dedicated to...
well, almost anything!

Bad art	Mustard
Barber shop	Noodles
Bread	Parasites
Espionage	Potatoes
Food	Recycled metal
Garbage	Shoes
Gold	Sponges
Lunch boxes	Toilets
Maple syrup	UFOs

```
P  S  S  H  O  E  S  V  P  S  N  H  G
B  O  E  R  S  H  Y  D  I  R  Y  A  C
A  F  T  M  S  O  K  F  D  L  R  E  V
R  O  S  A  T  L  F  E  E  B  T  C  B
B  O  E  P  T  Z  Y  U  A  I  E  K  R
E  D  X  L  D  O  S  G  G  I  C  E  B
R  X  O  E  J  R  E  P  W  W  C  T  J
S  I  B  S  S  H  A  S  S  Y  N  P  L
H  L  H  Y  N  P  F  T  C  L  Z  A  A
O  E  C  R  K  O  I  L  S  U  J  R  S
P  F  N  U  I  G  E  O  D  U  F  A  D
K  L  U  P  W  D  S  I  N  R  M  S  E
J  S  L  B  M  H  U  E  L  A  O  I  E
D  B  P  E  U  P  S  Q  L  D  G  T  W
B  P  T  O  Z  O  T  T  Y  D  Q  E  V
C  A  D  I  N  S  M  R  E  H  O  S  P
L  Z  A  G  H  G  C  A  A  L  P  O  M
W  T  E  Y  D  W  E  C  U  D  I  O  N
L  J  R  G  K  Z  K  S  J  E  A  O  N
J  Q  B  G  O  L  D  B  U  N  I  B  T
```

Songs of the WWII Era

The music of WWII times holds a special place in the hearts of many. Find the list of words from songs from this time in history.

Bonds today

We'll meet again

Bugle boy

Till then

Wing and a prayer

Kiss goodnight

Apple tree

Swing shift

Hot time

G.I. jive

White cliffs

Anchors aweigh

```
B C G S V Y V S C E V I J I G
O R P C A M N Y O B E L G U B
N W H I T E C L I F F S O E W
D W N A W D R M Y C U I R J I
S A E W M N X F H W E I V I N
T X P L D U H Y L U K R B B G
O B A P L Z M L B Y H C C L A
D Y X U L M A Y L P Y C M Q N
A T J I P E E R D E U M F T D
Y Y F W T H T E G L W B M I A
F K V W H G B R T H G N U L P
O W B U G I A V E A Q P A L R
T M K Q I E W B M E G Q U T A
F F V Q N W I G J Z E A Y H Y
I M F U D A J D R W H T I E E
H H B V O S Z P D W X S W N R
S O I M O R E E V H F K K D L
G R M E G O C N X N R A Z N A
N R U W S H B Z E M I T T O H
I M D F S C A F W E C M V U Y
W N O N I N V Q A W K C W D F
S K T S K A X U Y T C D F N V
```

Play Ball!

How many words can you find related to America's favorite pastime?

Bunt

Diamond

Double play

Load the bases

Strike

Catcher

Pitcher

Bat

Ball

Glove

Hat

Helmet

Umpire

Safe

Foul

Play ball

Out

Pinch hitter

Relievers

Fielding

Fly

Shortstop

Outfielder

```
F M Y I Q Y A L P E L B U O D
P I G M W W F K E R I P M U R
G F E T K K D V K X X R Y E N
L P Z L R L H D Q N H V L P Y
U Q O U D I I H N S O I Y W D
W G D U B I U K G O E U S F P
P L A P T R N B R V M E T H W
R O G D J F J G E F S A M S S
A V E V H F I R E A Z R I H W
K E N O B B S E B E P Y O D A
P E W L U G K E L N K R X J Z
X L L L N K H I R D T I R S U
G L A P T T R Y F S E E R N D
H Q S Y D A Q Z T C T R O T E
X U J A B W V O H T X R L C S
Z V O R Y A P M I F O U L L Z
Y L G E T D L H E L M E T M W
X K M H B I H L R E H C T A C
F C N C F C A J G S T L V C X
S A H T N C Y R T F L A M G O
J B I I A L G H J A W B H O W
N B P P F B J O B L L E F A S
```

Solutions

Page 6/7

Page 9

Page 8

1. She was on the pr**OWL** for the right sized **WREN**ch. 2. He picked the **CARD IN A L**ine-up, then crossed the street, **JAY**walking. 3. The cinnamon **BUN, TING**ed with sugar, was tasty. 4. At the picni**C, ROW** after row of ants appeared, finding a muf**FIN CH**ucked on the ground. 5. He didn't **ROB IN**side the house, so let the **NUT HATCH** another scheme. 6. Don't **SPAR, ROW**ers, with each other! 7. Congratulations, L**ORI! OLE**! I knew tha**T AN AGE-R**elated restriction was silly! 8. "What a superb **WARBLER** she is!" the **GULL**ible woman gushed, having seen **HER ON** TV. 9. "As I've said before, **BOB, WHITE**n the sink with bleach." 10. "**DO VE**nt your opinion," I said, and he told me to go fly a **KITE**. 11. The recipes are Ca**JUN, CO**llected by my grandmother. 12. R**EGRET**fully, I awarded the "Be**ST" (OR K**ind of) ribbon to her.

Page 10/11

```
W H I S T L I N G H K M U
L W S V J T E Y K X G B
W T H U N D E R D V V G W
X Z L P L K Y V F O X L G
Q L R C A I F T L L S D
O G U G U S L L E B Y E R
E S S E G I U Z R B L V M
C M T D H S F R R D O A L
I E L N T F O R U B R W V
O N I I E L O S P T A N Q
V U N W R R W T S N C A V
Y T G E D A O C P R S E E
L E L L W I M G L E A C R
D T E T G N B N A P M O Y
N I A N D P O S S T J D
E R V E I R T S H I S V E
I O E G G O R D Z H I J R
R V S E N P X R H W R G F
F A B V I S V I A I H X U
R F G W S I W B H N C M O
```

Page 15

Dine, Diner, Dire, Dish, Drip, Fend, Fiend, Find, Fine, Fire, Fish, Fried, Friend, Herd, Hind, Hire, Pend, Pied, Pier, Pine, Pride, Rend, Ride, Rife, Rind, Ripe, Send, Shin, Shine, Ship, Shire, Spend, Spire

Page 12

Hearts 1 and 6 match.

Page 13

1. K	5. B	9. C
2. D	6. J	10. E
3. A	7. L	11. I
4. H	8. F	12. G

Page 14

1. Knitter – c. Yarn
2. Angler – f. Rod
3. Audiophile – k. Speaker
4. Scrapbooker – g. Cutouts
5. Gardener – j. Loppers
6. Weaver – a. Loom
7. Rock climber – e. Pitons
8. Bridge player – i. Deck
9. Scuba diver – l. Mask
10. Spelunker – h. Flashlight
11. Whittler – d. Blade
12. Ikebana artist – b. Vase

Page 16

1. D	5. A	9. J
2. L	6. K	10. G
3. F	7. E	11. B
4. H	8. C	12. I

Page 17

- **In A Minute**
- **Shortcake**
- **Laughing Stock**
- **Too Funny For Words**

Page 18/19

1. a	8. a	15. c
2. c	9. c	16. a
3. a	10. c	17. b
4. a	11. b	18. c
5. c	12. a	19. c
6. a	13. b	20. a
7. b	14. c	

Page 22

Page 20/21

Page 23

1. Lizard head at bottom moved. 2. Flower on cactus bottom right added. 3. Rock on path removed in middle.
4. Sun is different size.
5. Bottom cloud longer.
6. Mountains on left moved. 7. Left arm of large cactus raised.
8. Right arm of smaller cactus is lower.
9. Distant 3rd cactus smaller.

Page 24/25

Page 26/27

1. Mystery, 2. Spotter,

3. Culprit, 4. Sleuths,

5. Accuses, 6. Capture,

7. Forgery, 8. Justice,

9. Partner, 10. Arrests,

11. Weapons, 12. Convict,

13. Exposed, 14. Inquiry,

15. Tactics, 16. Verdict

Page 28/29

1. B	6. B	11. B
2. A	7. C	12. C
3. A	8. A	13. C
4. C	9. C	14. B
5. B	10. A	

Page 30/31

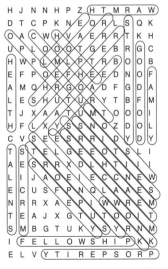

Page 32

Page 33

Page 34/35

1. B	6. C	11. B
2. D	7. D	12. D
3. C	8. B	13. A
4. A	9. D	14. B
5. A	10. A	15. B

Page 36

1. H	5. L	9. E
2. D	6. G	10. C
3. K	7. A	11. F
4. B	8. J	12. I

Page 37

1. E	5. B	9. D
2. A	6. L	10. H
3. I	7. C	11. G
4. K	8. J	12. F

Page 38/39

Possible answers:

1. Real estate agents
2. Hair stylists, barbers
3. Musicians
4. Cartographers
5. Tailors
6. House builders, contractors
7. Police officers
8. Sanitation workers
9. Archaeologists
10. Physicians
11. Electricians
12. Mathematicians
13. Butchers, hair stylists, barbers
14. Actors, stage designer
15. Athletes
16. Historians
17. Flooring specialists
18. Ice cream sellers
19. Golfers, chauffeurs
20. Detectives

Page 40

```
      T H U R H
    R H T T H U R H T
  H U R H T T H U R H T
  T T H U R H T T H U R H T
R H T T R U T H T T H U T H T
U R H T T H U R H T T H R R H
T T H H R H T T H U R H T U H U R
H T T T U R H T H T U R T T T H U
R H T U H U H H T T T U R H T T H
U R H R T H U T H T H H U R H T T
H U R T T T H U U H T T H U R H T
T H U R H T T H U R H T T H U R H
  T H U R H T T H U T H T T H U
    T T H T U R T T H U R H T
      T T H U R H T T H U R
        T T H U R H T T H
          T H U R H
```

Page 41

1. He thought the cut was caused by a **fang or a** claw.
2. "Send a **wire! Hair**-raising things are happening!" he shouted. 3. "Pick up the **tab," by**standers laughed. 4. "The cat's in that tree?" she asked. "Jee**pers!" I** answered. 5. Oh, **man, x**-rays cinched the diagnosis. 6. She went out looking like a **ragamuffin**. 7. In the **snow, shoe**s are

Page 42

1. D	6. E
2. A	7. C
3. H	8. J
4. F	9. G
5. B	10. I

Page 43

1. J	6. E
2. F	7. B
3. A	8. D
4. H	9. C
5. I	10. G

Page 44

- Money Laundering
- Sealed Record
- Nose Around
- Hot On Heels

Page 45

Possible answers:
ice, break, bananas, strenuous

Page 46/47

Page 48/49

Page 50/51

1. Dazzle
2. Zanzibar
3. Zany
4. Zola
5. Zigzag
6. Breezy
7. Zebra
8. Zap
9. Drizzle
10. Zinger
11. Ziti
12. Bezel
13. Zoology
14. Zinnia
15. Adze
16. Lazy
17. Zion
18. Zurich
19. Zest
20. Dozen

Page 52/53

Page 54/55

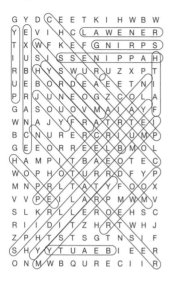

Page 56

1. Spaniel, a breed of dog; the rest are cat breeds.
2. Milk, a liquid; the rest are styles of canned meats.
3. Parsley, an herb of the Apiaceae or Umbelliferae family; the others are varieties of mint (Lamiaceae family).
4. Veterinarian, a physician for animals; the rest are dietary choices.

Page 57

Answers may vary.
ERA SEA ARE ASH
HAS SHE EAR HER
HEAR HARE RASH
SEAR SHEAR SHARE

Page 58/59

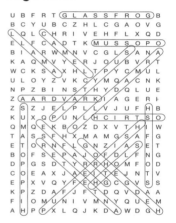

Page 60

1. K	5. I	9. F
2. C	6. B	10. E
3. A	7. L	11. J
4. G	8. D	12. H

Page 61

1. E	5. H	9. A
2. I	6. C	10. K
3. B	7. D	11. J
4. L	8. F	12. G

Page 62/63

Page 66

1 and 5 match.

Page 67

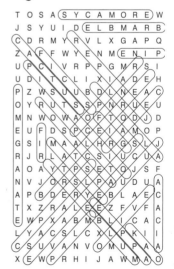

Page 64/65

Page 68/69

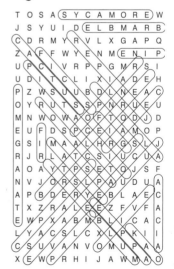

Page 70

A: Denali State Park, 10: **ALASKA**
B: Golden Gate Bridge, 11: **CALIFORNIA**
C: Mesa Verde, 15: **COLORADO**
D: Kennedy Space Center, 12: **FLORIDA**
E: Pearl Harbor, 3: **HAWAII**
F: Gateway Arch, 4: **MISSOURI**
G: Chimney Rock, 5: **NEBRASKA**
H: Hoover Dam, 13: **NEVADA**
I: Ellis Island, 8: **NEW YORK**
J: Liberty Bell, 14: **PENNSYLVANIA**
K: Mount Rushmore, 1: **SOUTH DAKOTA**
L: Great Smoky Mountains, 2: **TENNESSEE**
M: The Alamo, 6: **TEXAS**
N: Space Needle, 7: **WASHINGTON**
O: Yellowstone National Park, 9. **WYOMING**

Page 71

1. Elm
   Locust
2. Eden
   Jonah
3. Setter
   Pug
4. Iron
   Boron
5. Sedan
   Limo

Page 72/73

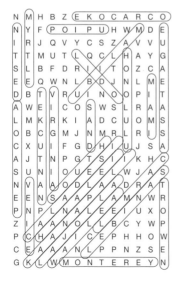

Page 74/75

179

Page 76

```
A E P C E A E P C E A E P C E A E
C E A E P C E A E P C E A E P C E
E P C E A E P C E A E P C E A E P
E A E P C E A A P C E A P E A C E
P C E A E P C E A E P C E A E P C
A E P C E E E P C E A E P C E A E
C E A E P C E A E P C C A E P C E
A E P C A A E P C E A A P C E A E
C E A E P C E A E P P E A C E C E
E P C E A E E C E A E P C E A E P
E A E P P E A E P C E A E P C E A
P C E A E P C E A E P C E A E P C
A E P C A A E P C E A E P C E A E
C E A E C C E A E P C E A E A C E
A E P C E A E P C E A E P C E E E
C E A E P C E A E P C E A E P C P
```

Page 77

1. Flower added on top of birdhouse.
2. Leaf added on middle branch of tree, upper right.
3. Leaves added on bottom of tree.
4. Bottom of birdhouse is shorter.
5. Daisy moved in front of leaf on left side of pole.
6. Butterfly flopped.
7. Daisy missing between iris blossoms.

Page 78/79

Page 80/81

180

Page 82/83

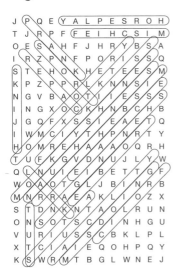

Page 84/85

Page 86

1. b, 2. c, 3. b, 4. a,
5. b, 6. a, 7. c

Page 88

Page 87

1. Removed leaves on
   tree in top middle.

2. Bird on roof missing.

3. Bird in sky removed.

4. Door handle changed.

5. Bench is different.

6. Vent on cabin side
   missing.

7. Fence post added.

8. Large flower different
   in middle of flower
   patch.

Page 89

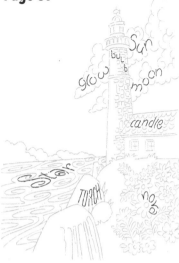

Page 90

MAG**ELM**ER**ASH**O
LINBRE**HICKORY**
ONELOWEDE**PINER**CE
DAROTHER**ASPEN**ET
TERESA**CYPRES**
S**ORARYPALM**UMO
SATE**MAPLE**STER
N**OAK**LASSIDERY
MAGNOLIAREN
A**REDBUD**ERNAL

Page 91

- Fast Food
- Head Over Heels
- Think Outside The Bo:
- Fire Sale

Page 92/93

Page 94/95

Page 96

1. Birdseed, 2. Email,
3. Hose, 4. Envelope,
5. Glove, 6. Salsa,
7. Car, 8. Coif,
9. Facial, 10. Peru

Page 97

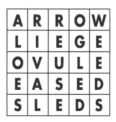

A	R	R	O	W
L	I	E	G	E
O	V	U	L	E
E	A	S	E	D
S	L	E	D	S

Page 98/99

Page 100

Answers may vary.
PEA CAP APE PACE
HEAP EACH CHAP
CAPE ACHE CHEAP
PEACH

Page 101

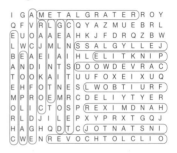

Page 102/103

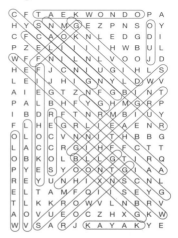

Page 104

1. Palm leaf in upper right is moved. 2. Birds missing in middle. 3. Bottom of clouds different. 4. Palm tree missing on beach in distance. 5. Waves are closer to the conch shell.

Page 105

1. f
2. i
3. h
4. a
5. d
6. c
7. b
8. j
9. g
10. e

Page 106/107

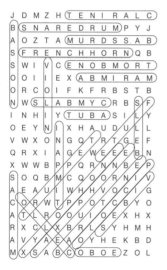

Page 108

Page 110/111

Page 109

1. Comforter, 2. Stranger, 3. Villagers, 4. Otherwise, 5. Sorrowful, 6. Sensation, 7. Ingredient

Page 112

- **One Thing On Top Of Another**
- **Narrow Path**
- **Keyboard**
- **One Foot In Front Of Another**

Page 114/115

Page 116/117

Page 113

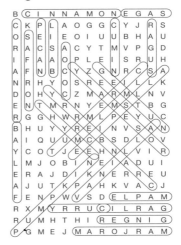

Page 118/119

Page 120

- **One Step Forward, Two Steps Back, • United States,**
- **Third World, • Side by Side**

Page 121

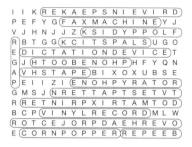

Page 122

elm, mead, meadow, web, birds, birdsong, song, stars, path, crickets, sun, fields, quiet, time, work, satisfaction, crops, barn, cat, cattle

Page 123

Snapdragon, Lantana, Bluebonnet, Hibiscus, Lavender, Bluebells, Dianthus, Sunflower, Hollyhock, Cornflower, Hydrangea, Wildflower

Page 124/125

Page 126/127

Page 128

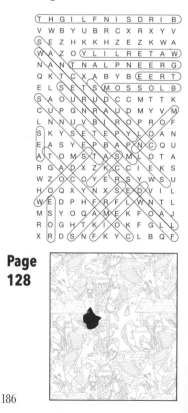

Page 129

Page 130/131

Page 132

2 and 7 match.

Page 134/135

Page 133

Answers may vary. ate awe eat hat haw hew taw tea the wet heat hate thaw what whet wheat

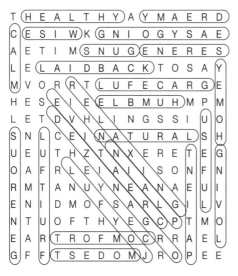

Take time to savor the simple things, since there are so many and most of them are free.

Page 136/137

1. h, 2. d, 3. l, 4. f, 5. j, 6. a, 7. k, 8. b, 9. g, 10. i, 11. c, 12. e

Page 138

1. B	7. C
2. A	8. A
3. B	9. B
4. C	10. B
5. A	11. C
6. A	12. A

Page 139

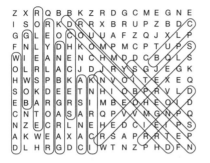

Page 142/143

Page 140/141

Page 144/145

188

Page 146

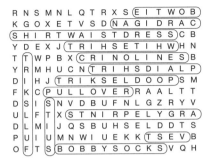

Page 147

1) Abraham Lincoln
2) Herbert Hoover
3) Gerald Ford
4) Jimmy Carter
5) Andrew Johnson
6) Herbert Hoover
7) Ronald Reagan

Page 148

TRAINS	BOATS
Signal	Float
Freight	Liner
Boxcar	Clipper
Station	Raft
Caboose	Cruise
Hidden	Hidden
word: Rails	word: Canoe

Page 149

1. c
2. h
3. e
4. j
5. i

6. b
7. f
8. a
9. d
10. g

Page 150/151

```
N O O P S R I N E V U O S
R M F H S A W V F T K K P
C H R O M E C H A I R W U
Z T D S S T T A R T N E C
S Y S T K L V N M A T D A
S P O A M E T D H L G P E
A E U B T P R P O L U A T
L A P L F O A A U F R N E
G R T E J R Y I S I D A T
N L U F R D S N E G E M A
O E R O O A E T H U D A C
I A E R E E T E U R I H I
S R E T V B T D T I A A L
S R N W W K R V C N R T E
E I Y O D I P A H E B H D
R N D M L X P S V P R C L
P G D U B P G E V S J N M
E V N T O P G N I K O O C
D P K E S U O L B Y C A L
H W O O L C O A T V S R S
```

189

Page 152/153

Page 156/157

Page 154

1. D   5. A

2. B   6. C

3. C   7. C

4. D   8. B

Page 155

Images 1 and 5 match.

Page 158/159

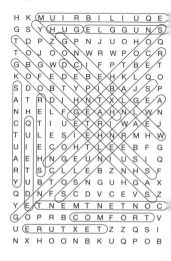

Page 160/161

Page 164/165

Page 162

**Answers may vary.
ale elf elm lam lea
fame flea lame leaf
male meal flame**

Page 163

1. F
2. C
3. B
4. A

5. H
6. E
7. D
8. G

Page 166/167

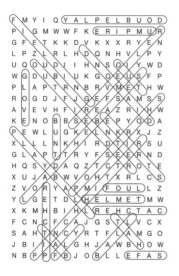

Simple pleasures are always best!

~Bonus Puzzle~

What's Next?

Each letter stands for the first letter of a certain list, in order. Once you figure out what the list is, you'll know the letter that ends the sequence!

O   T   T   F   F   S   S   E   N   __

T – the letters stand for the numbers one to ten, spelled out.